懂点法律
少点麻烦

张明英

Jul.

人人都该懂点婚姻法

张明英——著

北京联合出版公司
Beijing United Publishing Co.,Ltd.

一生必知的婚姻法律常识

第一章
婚前·懂点儿法律是对自己最好的保障

01　恋爱期间要懂的法律常识

02　同居期间有哪些注意事项

第二章
婚姻存续中·用法律保护自己的财产和爱

第三章
离婚·如何正确维护自己的权益

第四章
再婚·绝不踩雷的注意事项

17 再婚必知的法律常识

第一章

婚前
懂点儿法律是对自己最好的保障

01

恋爱期间要懂的法律常识

青春损失费、分手费有效吗

青春损失费、分手费，一直是司法当中的热点问题，主要是指男女同居、恋爱结束、离婚分手时，一方约定向另一方支付一定数额的费用。

约定给付的形式多种多样，可能是协议，也可能是"欠条"。

青春损失费、分手费本来不是一个法律用语，它们和法律也没有密切联系，是很多情侣在遇到情感问题后，为了寻求内心的安慰和平衡创造的"权益"。

•·• 案例 •·•

小悦（女方）与小东（男方）是情侣，两人相恋后同居，在一起五年多时间。2020 年，两人分手，并签署了一份"分手协议"。两人经协商后约定：小东支付小悦青春损失费和经济损失共 40 万元。

签订协议后，小东随即付给小悦 10 万元，之后便以种种理由推托，不愿再付剩下的 30 万元。小悦根据分手协议，向法院提起诉讼，要求小东给付分手费用。小东在庭审中认为该协议无效，双方自愿恋爱，不存在分手费。

法院应该支持谁呢？

一审法院认为，这份分手协议是双方真实意思的表示，没有违反法律规定，且小东已经履行了该协议的部分约定，因此该协议有效。法院判决小东支付剩余的 30 万元。判决后，小东提出上诉。他在上诉书中称，两人恋爱期间，小悦没有经济损失，当初的协议是赠与协议，按照我国法律规定，赠与协议可以撤销。他现在经济能力无力支付该笔费用，主张撤销。

二审法院认为，该协议在双方同居多年后分手时达成，协议中明确约定一方以经济损失的名义，向另一方支付一定数额的财产。两人同居多年，小悦所付出的时间、精力与感情都是代价，不属于无偿的赠与，不享有撤销权。最后，二审法院维持原判，驳回上诉。

☞ 律师说法

双方存在情感纠纷的情况下，小东支付分手费时完全是出于自愿的，法院判决合理。

有人说，既然分手费、青春损失费可以视为财产赠与，那是不是所有的青春损失费、分手费都是合法且无法要回的？

也不一定，若有配偶者与他人同居，终止时向对方支付的分手费就不能视为有效赠与。也就是说夫妻中出轨的一方与第三者分开时，向第三者支付的一笔所谓的分手费是无效赠与，可以要求返还。

依照《中华人民共和国民法典》（以下简称《民法典》）的相关规定，丈夫给第三者的钱款属于夫妻共同财产，丈夫未经妻子同意将财产赠与第三者，侵犯了妻子的财产权，也违反了公序良俗的原则。

第三者取得钱款并非善意有偿取得，丈夫也不是出于日常生活处分夫妻共同财产，因此这种行为应认定无效，妻子依法可以要求第三者返还。

相关法条

《民法典》

第一百四十三条 【民事法律行为的有效条件】

具备下列条件的民事法律行为有效：

（一）行为人具有相应的民事行为能力；

（二）意思表示真实；

（三）不违反法律、行政法规的强制性规定，不违背公序良俗。

第一千零六十二条 【夫妻共同财产】

夫妻在婚姻关系存续期间所得的下列财产，为夫妻的共同财产，归夫妻共同所有：

（一）工资、奖金、劳务报酬；

（二）生产、经营、投资的收益；

（三）知识产权的收益；

（四）继承或者受赠的财产，但是本法第一千零六十三条第三项规定的除外；

（五）其他应当归共同所有的财产。

夫妻对共同财产，有平等的处理权。

第一千零九十二条 【一方侵害夫妻财产的处理规则】

夫妻一方隐藏、转移、变卖、毁损、挥霍夫妻共同财产，或者伪造夫妻共同债务企图侵占另一方财产的，在离婚分割夫妻共同财产时，对该方可以少分或者不分。离婚后，另一方发现有上述行为的，可以向人民法院提起诉讼，请求再次分割夫妻共同财产。

分手后可以追回恋爱期间的开销吗

　　大家对恋爱的期许是美好的，想要通过恋爱寻找到那个共度一生的人，但爱情玄之又玄，并非一次就能遇到对的人，恋爱与分手，就成了年轻男女社交中的关键词。年轻人交往总要吃饭、购物、旅行，免不了花一些钱，一旦恋情结束，有人念起那些频繁的花销就有些愤愤不平，就想要追回，但由于立场不同，有可能引发争执。

　　这里的开销具体是指双方在恋爱期间为彼此的生活开支，例如：娱乐的支出，给对方购买衣物、首饰的支出等。

•••● 案例 ●•••

　　小张（男）和小马（女）是一对情侣。两人恋爱期间，小张多次为小马购买礼物、衣物，还几乎每天为小马叫外卖。后来，两人因性格不合分手，小张觉得自己产生了损失，立即将小马诉至法院，要求小马归还两人恋爱期间的开销，共计 10 余万元。小马辩称，这些钱是两人恋爱期间发生的花销，她也给对方买过东西，这是双方为维持良好恋爱关系所付出的代价，小张的开销应属于赠与。

最终，法院认为小张在恋爱期间为小马的开销，属于赠与行为，判决驳回了小张的诉讼请求。

☞ 律师说法

恋爱期间，一方给另一方赠送金钱或礼物，为对方支出开销，另一方接受。如果双方没有特殊的约定，款项转账或者礼物送达后，赠与合同就履行完毕了，赠与人不能撤销。

因此恋爱期间，无论是生活开支，还是款项的往来或者物品的赠与，一旦被认定为赠与，就不能要求返还。

而双方恋爱期间的消费，比如吃饭、游玩、住宿、娱乐等花费，法律一般倾向于认定为恋爱期间的双方共同消费，一般也不会支持另一方返还。

——— 问题拓展 ———

如果一方为另一方购买了巨额的首饰，分手后是否可以要求返还呢？

那要分析首饰的购买时间，是否带有纪念意义或具有彩礼性质。如果是在特殊日子，例如情人节、对方生日购买的礼物，一般认定为赠与；如果是彩礼性质的，则根据彩礼相关的法律规定确定是否应该返还。

相关法条

《民法典》

第六百五十七条 【赠与合同的概念】

赠与合同是赠与人将自己的财产无偿给予受赠人，受赠人表示接受赠与的合同。

第六百五十八条 【赠与的任意撤销权及其限制】

赠与人在赠与财产的权利转移之前可以撤销赠与。

经过公证的赠与合同或者依法不得撤销的具有救灾、扶贫、助残等公益、道德义务性质的赠与合同，不适用前款规定。

《最高人民法院关于适用〈中华人民共和国民法典〉婚姻家庭编的解释（一）》[以下简称《民法典婚姻家庭编的解释（一）》]

第五条 当事人请求返还按照习俗给付的彩礼的，如果查明属于以下情形，人民法院应当予以支持：

（一）双方未办理结婚登记手续；

（二）双方办理结婚登记手续但确未共同生活；

（三）婚前给付并导致给付人生活困难。

适用前款第二项、第三项的规定，应当以双方离婚为条件。

恋爱期间的贵重礼物，分手后能要回吗

中国人有互赠礼物表达心意的传统，《礼记·曲礼上》中说："礼尚往来，往而不来，非礼也，来而不往，亦非礼也。"

"礼物"，也就是人们表达祝福、祝愿或体现友谊的物品，是送礼者向接受者传递信息、感情和愿望的载体。

情侣更是把给对方送礼物当成一件很重要的事情。但不管一束花、一块表，还是一辆车，无论多么贵重，它们本质上都是礼物。

•·• 案例 •·•

32 岁的肖鑫，是一家企业的部门经理。五年前，她遇到了48 岁的黄先生，对方人生阅历丰富，见多识广，眼界开阔，肖鑫立刻被黄先生吸引，两人很快建立了恋爱关系。

黄先生虽然白手起家，却积累了可观的财富。在相恋的五年里，黄先生送出了 150 万元现金和一块价值 10 多万元的金表。双方分手后，黄先生要求肖鑫归还这些大额礼物。

但是肖鑫认为自己为黄先生付出了五年青春，已经错过了适婚年龄，坚决不退还这些礼物。但她万万没想到，对方一纸诉状将她告到法院，要求归还。那么，黄先生能否成功拿回这些贵重的礼物呢？

律师说法

上述案例涉及了法律上的赠与合同。

有人可能会问，男朋友送自己礼物的时候怎么可能签合同呢？这么想对合同的理解就太狭隘了。法律规定，合同可以采取书面形式、口头形式或者其他形式订立。所以，只要男方有意送礼物，女方也有意收下，甚至不用说出口，只要双方同意，赠与合同就成立了。

那么，已经送出去的礼物，分手时需要归还吗？

答案是不需要。

合同成立后，男方不想送的可以不送，但是赠与人必须在礼物交付给受赠人之前反悔。恋爱期间，男方将礼物送给女方后，此时赠与合同已经成立，权利已经转移，这时候男方就不能再反悔取回礼物了。

相关法条

《民法典》

第四百六十九条 【合同形式】

当事人订立合同，可以采用书面形式、口头形式或者其他形式。

书面形式是合同书、信件、电报、电传、传真等可以有形地表现所载内容的形式。

以电子数据交换、电子邮件等方式能够有形地表现所载内容，并可以随时调取查用的数据电文，视为书面形式。

第六百五十七条 【赠与合同的概念】

赠与合同是赠与人将自己的财产无偿给予受赠人，受赠人表示接受赠与的合同。

第六百五十八条 【赠与的任意撤销及限制】

赠与人在赠与财产的权利转移之前可以撤销赠与。

经过公证的赠与合同或者依法不得撤销的具有救灾、扶贫、助残等公益、道德义务性质的赠与合同，不适用前款规定。

恋爱期间对方借钱怎么办

与金钱相关的话题，多半比较敏感，情侣之间也不例外，关系越亲密的人越容易涉及金钱往来。

从情感上讲，如果在恋爱期间遇到对方借钱，大部分人的想法是不好意思不借，怕对方觉得自己小气，而借了更不好意思打欠条，好像不够信任人家。

但是，被借钱一方心理总会变得复杂一些，一方面怕因为钱的事伤害到彼此之间的感情；另一方面又对借钱的事念念不忘，怕万一对方不还钱，也会想对方向自己借钱是不是真的爱自己，结果到头来更伤害彼此的感情。

那么，情侣之间借钱需要偿还吗？如果你的另一半向你借钱，你会让对方打借条吗？如果最终分手了，又该怎样将钱要回来？我们以下面的具体案例，来回答这三个敏感又现实的问题。

••● 案例 ●••

张先生与刘女士相识于 2016 年，被告刘女士因出国留学，向原告张先生借款，用于学费及生活费。

随后两年内，张先生以个人工资、个人兼职收入、向他人借款、信用卡取现等方式，向被告人刘女士资助 20 余万元。现在，张先生向法院提起诉讼，要求判令刘女士偿还借款 20 多万元。

被告刘女士辩称，不同意原告张先生的诉讼请求，被告出国留学前已和原告达成协议，为将来共同生活为目的出国留学，原告与被告之间不存在任何借贷关系。

法院经审理认为，原告仅提交了付款交付证明，未提交借款协议证明。因此法院判决驳回原告的全部诉讼请求。

☞ 律师说法

恋人之间常因具体的个人关系借款，往往缺乏确凿的证据，就算诉诸法院也无法确定是否存在借贷关系。

因此男女双方在交往时，应区分双方经济往来的具体性质，如赠与、借款或其他生活费用等，尽可能做到清楚明了，不要因为感情而引起法律纠纷。

如果你在恋爱期间要借给另一半钱款，我给你几个建议：

第一，应当尽量保留相应的借款协议凭证，一般称为"借条"。签订借条时，最好标明借款用途，防止借款人提出借款是赌债等奇葩理由。

第二，一定要写借款人的全名，千万不要写昵称、缩写、英文名等，且必须与身份证一致。

第三，借款金额必须注上大写，借款人应谨慎修改金额。

第四，逾期利息和正常借款利息不是一回事，要分开写。

另外，如果因为双方感情关系没有签订借条，你们之间关于借款的沟通记录，如微信聊天记录、借款交付证明、手机通话中的提醒等，都要认真妥善保管，确保发生纠纷时能作为有力证据提交给法院，证明你们经济往来的实际性质。

相关法条

《民法典》

第六百六十八条 【借款合同的形式和内容】

借款合同应当采用书面形式，但是自然人之间借款另有约定的除外。

借款合同的内容一般包括借款种类、币种、用途、数额、利率、期限和还款方式等条款。

《最高人民法院关于审理民间借贷案件适用法律若干问题的规定》

第二条 出借人向人民法院提起民间借贷诉讼时，应当提供借据、收据、欠条等债权凭证以及其他能够证明借贷法律关系存在的证据。

当事人持有的借据、收据、欠条等债权凭证没有载明债权人，持有债权凭证的当事人提起民间借贷诉讼的，人民法院应予受理。被告对原告的债权人资格提出有事实依据的抗辩，人民法院经审查认为原告不具有债权人资格的，裁定驳回起诉。

发现男友有妻子怎么办

插足他人婚姻不是光彩的事，很多人唯恐避之不及，但还是有一些人在不知情的情况下成了第三者。女方一旦被男方的妻子或他人发现，还要背负不道德的骂名。

有些男人在东窗事发后，还不知收敛，假装深情地哀求受害者："亲爱的，你别走，我是爱你的，我会跟她离婚。"毫不客气地讲，这种男人不值得信任，这种交往的性质也具有明显的欺诈性。

如果男方再利用恋爱期间的感情，向女方索取大额财物，并在事发后拒绝返还，还有可能构成诈骗罪。

•• ● 案例 ● ••

"90后"王某托他人介绍男朋友，在饭局上结识比自己大4岁的男子李某。两人当晚便开房发生性关系，之后谈起了恋爱。

一个月后，王某发现自己怀孕，到医院引产。此外她还得知李某在跟自己交往前，就已经结婚并育有一子。王某莫名其妙成了"小三"。事后，她将李某起诉到法院，索要精神损害费等赔偿。

法院经审理认为，李某在已婚的情况下仍与王某建立恋人关系，致使王某怀孕并引产，对王某的身心健康造成了伤害，侵害了王某的民事权益，应当承担侵权责任。

　　王某作为完全民事行为人，应当预见自己未婚先孕行为的后果，对自己所受的损害也存在一定的过错，应自负一定的责任。

　　故法院对王某诉请李某进行书面赔礼道歉的诉讼请求不予支持。此外，李某曾通过微信表示愿意承担王某引产费用，系李某真实想法，其应当履行该付款义务。根据该案实际情况，法院依法认定李某应向王某支付医疗费、交通费、误工费、住院伙食补助费、精神损害抚慰金共计 1.4 万余元。

　　最后法院依法对该案作出一审判决，判令李某向王某支付各项费用等共计 1.4 万余元。

☞ **律师说法**

　　在上述案件中，李某隐瞒自己已婚的事实，与王某多次发生不正当关系，并与之建立恋爱关系，其作为一个成年人，应当知晓此事败露将导致自己身败名裂的后果。

　　李某在恋爱期间利用王某的信任，致使王某怀孕且不得不采取引产措施，这种行为侵害了王某包括健康权在内的人格权益，违反公序良俗，也应当依法承担侵权责任。王某因引产而产生交通费、误工费等损失，精神上也因此受到损害，李某依法亦应当承担赔偿责任。

　　而王某在没有查清李某身份，也没有履行结婚手续的情况下，就以行为"以身相许"，不仅造成了身体上的伤害，还导致了精神上的创伤。

如果男方和女方，在恋爱期间以夫妻名义同居生活，并且邻居、朋友也认为他们是夫妻关系，这种情况下，男方还有可能构成重婚罪。

所以，给遇到这种情况的女性提几条建议：

第一，收拾好你的东西，跟对方分手。如果你明知道对方有配偶，还长期以夫妻名义同居，你也有可能构成重婚罪。

第二，理清你们之间的钱财，如果有经济往来，最好让对方出具一个借条，必要时可以提起诉讼，要求对方返还。

第三，不要再相信对方的任何承诺，一个同时辜负两个女人的男人，根本不值得你托付自己的人生。

相关法条

《民法典》

第一千一百六十五条 【过错责任原则与过错推定责任】

行为人因过错侵害他人民事权益造成损害的，应当承担侵权责任。

依照法律规定行为人有过错，其不能证明自己没有过错的，应当承担侵权责任。

第一千一百八十二条 【侵害他人人身权益造成财产损失的赔偿计算方式】

侵害他人人身权益造成财产损失的，按照被侵权人因此受到的损失或者侵权人因此获得的利益赔偿；被侵权人因此受到的损失以及侵权人因此获得的利益难以确定，被侵权人和侵权人就赔偿数额协商不一致，向人民法院提起诉讼的，由人民法院根据实际情况确定赔偿数额。

第一千一百八十三条 【精神损害赔偿】

侵害自然人人身权益造成严重精神损害的，被侵权人有权请求精神损害赔偿。

因故意或者重大过失侵害自然人具有人身意义的特定物造成严重精神损害的，被侵权人有权请求精神损害赔偿。

分手后被对方恐吓、索要财物怎么办

现实生活中，男女双方因感情问题产生矛盾纠纷很常见，但分手后一方因为内心不平衡，纠缠不休，甚至索要财物，威胁恐吓对方，就超出了道德约束的范围，被恐吓一方需要学会使用法律武器维护自己的合法权益。

如果遇到类似情况，被恐吓的一方首先要确定对其做出恐吓的人是不是自己的前任。如果恐吓方的行为已经严重影响到了被恐吓方的人身和财产安全，被恐吓方应该立即报警，并收集相关恐吓的证据，保护好自己。

•••● 案例 ●•••

2020年3月，小王（女）跟小李（男）相识相恋，交往期间，两人因性格不合常常发生争执，交往五个月后，小王提出分手，但小李一直不同意。

小王一直拒绝与小李见面，但其间小李不断打电话、发微信骚扰对方，并多次使用语言暴力，甚至威胁小王，要么跟他结婚，要么给他一笔钱，要么和他一起死。

一段时间后，小李变本加厉，直接到小王的单位门口围堵拦截，恐吓对方。现在，小王每天都生活在恐惧中，生活工作受到很大影响。这种情况下，小王可以采取哪些措施保护自己？

☞ **律师说法**

虽然我国的法律中没有恐吓罪这个表述，但根据《中华人民共和国治安管理处罚法》（以下简称《治安管理处罚法》）第四十二条规定，小王作为被恐吓方，可以直接向公安机关报案，公安机关会根据情节严重程度处理，对小李予以拘留或罚款的治安管理处罚。

如果在公安机关批评制止或者处理后，小李还继续对小王实施恐吓威胁、破坏社会秩序的行为，情节恶劣的可能会构成寻衅滋事罪。如果小李在威胁恐吓中索要财物，还可能会构成敲诈勒索罪。

根据《最高人民法院、最高人民检察院关于办理寻衅滋事刑事案件适用法律若干问题的解释》第一条第三款中的明确规定：行为人因婚恋、家庭、邻里、债务等纠纷，实施殴打、辱骂、恐吓他人或者损毁、占用他人财物等行为的，一般不认定为"寻衅滋事"，但经有关部门批评制止或者处理后，继续实施前列行为，破坏社会秩序的除外。所以说，对于小李的威胁恐吓行为，是有法律惩治依据的。

当然，还有另一种思路，依据《民法典》第九百九十七条规定，民事主体有证据证明行为人正在实施或者即将实施侵害其人格权的违法行为，不及时制止将使其合法权益受到难以弥补的损害的，有权依法向人民法院申请采取责令行为人停止有关行为的措施。所以，小王也可以据此依法向人民法院提供证据，申请停止侵害人格权禁令。

不过，需要提醒大家的是，遭受威胁恐吓后，无论寻求哪一条保护途径，都需要准备好证据，不管是向公安机关报案，还是向法院申请停止侵害人格权禁令，都是如此。所要提供的证据包括电话录音、微信聊天记录、目击证人的证言等，所以，要注意收集好相关证据，以备不时之需。

相关法条

《治安管理处罚法》

第四十二条 有下列行为之一的，处五日以下拘留或者五百元以下罚款；情节较重的，处五日以上十日以下拘留，可以并处五百元以下罚款：

（一）写恐吓信或者以其他方法威胁他人人身安全的；

（二）公然侮辱他人或者捏造事实诽谤他人的；

（三）捏造事实诬告陷害他人，企图使他人受到刑事追究或者受到治安管理处罚的；

（四）对证人及其近亲属进行威胁、侮辱、殴打或者打击报复的；

（五）多次发送淫秽、侮辱、恐吓或者其他信息，干扰他人正常生活的；

（六）偷窥、偷拍、窃听、散布他人隐私的。

《中华人民共和国刑法》（以下简称《刑法》）

第二百七十四条 【敲诈勒索罪】

敲诈勒索公私财物，数额较大或者多次敲诈勒索的，处三年以下有期徒刑、拘役或者管制，并处或者单处罚金；数额巨大或者有其他严重情节的，处三年以上十年以下有期徒刑，并处罚金；数额特别巨大或者有其他特别严重情节的，处十年以上有期徒刑，并处罚金。

第二百九十三条 【寻衅滋事罪】

有下列寻衅滋事行为之一，破坏社会秩序的，处五年以下有期徒刑、拘役或者管制：

（一）随意殴打他人，情节恶劣的；

（二）追逐、拦截、辱骂、恐吓他人，情节恶劣的；

（三）强拿硬要或者任意损毁、占用公私财物，情节严重的；

（四）在公共场所起哄闹事，造成公共场所秩序严重混乱的。

纠集他人多次实施前款行为，严重破坏社会秩序的，处五年以上十年以下有期徒刑，可以并处罚金。

交给女友保管的工资，分手后能要回来吗

很多人恋爱同居后，男方为了让女方有安全感，会主动将自己的工资卡或者银行卡交给对方保管，好像这样就能为感情多加一重保障。但分手后两人就不需要再维系亲密关系，男方是否能要回工资卡呢？卡里的钱到底归谁？

••• 案例 •••

张彤（男）与关悦（女）恋爱后，张彤把自己的工资卡交给了关悦，两人一起经营自己的小日子。热恋期时一切都好，但两年后，两人经常因为生活琐事吵架，关悦提出分手，张彤想拿回工资卡，但是关悦认为自己这些年也往卡里存钱，已经分不清里面到底是谁的钱，而且张彤是将银行卡送给她了，里面的钱也应当归她。张彤向法院提起诉讼，主张分手后拿回工资卡。

法院经审理后认为，上述案例中，虽然银行卡是男方的，但是恋爱期间女方也将自己的日常工资等存入同一张银行卡中，此时已无法分清双方的个人财产部分，因此应认定为一般共有财产。

此时，应由男方和女方平分这笔财产。

☞ **律师说法**

一般情况下，男女双方在恋爱期间的个人财产应归个人所有。

但同居期间，因为双方是共同生活，很多东西都是共有的，所以很难进行分割，无法确定两人所占的份额，在无约定的情况下应认定为一般共有财产。如果不能确定份额大小，可以平均分割。

当然，还有例外情况，如果同居期间双方对财产进行过约定，那么在分手后应该按照同居协议来进行。比如，恋爱时约定男方每个月自愿上交1000元给女方，那么男方在分手后不能以其他理由要求女方返还。

如果一方为了表达爱意、增进感情明确赠与对方财物，或为另一方购置物品，自愿发送表示特殊含义数字的红包或转账等，也属于恋爱中的赠与行为。如果赠与已经实际履行，原则上也不允许撤销。

相关法条

《民法典》

第一百五十七条 【民事法律行为无效、被撤销或确定不发生效力的法律后果】

民事法律行为无效、被撤销或者确定不发生效力后，行为人因该行为取得的财产，应当予以返还；不能返还或者没有必要返还的，应当折价补偿。有过错的一方应当赔偿对方由此所受到的损失；各方都有过错的，应当各自承担相应的责任。法律另有规定的，依照其规定。

第一百五十八条 【附条件的民事法律行为】

民事法律行为可以附条件，但是根据其性质不得附条件的除外。附生效条件的民事法律行为，自条件成就时生效。附解除条件的民事法律行为，自条件成就时失效。

第六百五十七条 【赠与合同的概念】

赠与合同是赠与人将自己的财产无偿给予受赠人，受赠人表示接受赠与的合同。

第六百五十八条 【赠与的任意撤销及限制】

赠与人在赠与财产的权利转移之前可以撤销赠与。

经过公正的赠与合同或者依法不得撤销的具有救灾、扶贫、助残等公益、道德义务性质的赠与合同，不适用前款规定。

结婚登记前应注意哪些问题

　　人生有四大喜事，分别是久旱逢甘霖、他乡遇故知、洞房花烛夜、金榜题名时。这第三件说的就是结婚，可见结婚对普通人而言是多么重要。大家也通过举办婚礼、宴请亲朋，以示隆重，但在此之前，更应该重视的是结婚登记。

　　结婚登记指的是双方到民政局办理结婚登记并领取结婚证的行为。下面我们就来一一说明，领证之前需要注意的七个问题。

　　1. 双方主动进行婚前检查，互相了解婚前报告。

　　婚前检查非常重要，不但可以防止隐瞒病情的骗婚，而且可以对男女双方的健康、下一代优生及发育负责。婚前检查是减少遗传性疾病，减少父母把生理缺陷和不健康因素传给后代的关键一环。

　　婚检过程中，专业的医生会根据双方的健康状况、生理条件和生育计划，为新人选择最佳受孕时机或避孕方法，还会根据男女双方的健康状况、精神状态及有关个人和家族先天性疾病、遗传病的情况，有针对性地进行宣传指导。总之，婚检能在很大程度上保障男女双方婚后的健康幸福。

2. 双方交换征信报告，避免债务纠纷。

征信报告中记载着贷款项目、金额、还款情况、按揭购房情况、配偶情况等。通过征信报告可以看出对方是不是"老赖"，结婚后是否还有购房资格，以及对方的婚姻状态等。

3. 查看对方有没有犯罪记录和经济纠纷，确认是否有案底，这一点对孩子的前途有影响。若将来孩子需要通过政审，则须提供自己和父母的无犯罪证明。

如果父母有刑事案底：孩子考大学时，想报考军事院校、警察院校等提前批次录取的院校，是无法通过政审的；孩子找工作时，想报考公务员、国家机关事业单位，或者公检法单位等，也无法通过政审。

不同地区的政审标准不一样，但是发现有下列情形的通常不予以录用：

第一，有配偶、直系亲属被判处死刑或正在服刑，对本人有重大影响的旁系亲属被判处死刑、无期徒刑或十年以上有期徒刑且正在服刑，直系亲属或对本人有重大影响的旁系亲属被判处危害国家安全罪等情形，报考政法机关的，政审不合格。

第二，有配偶、直系亲属或对本人有重大影响的旁系亲属正被立案审查，有对本人有重大影响的旁系亲属被判处有期徒刑以上刑罚且正在服刑等情形，报考相关政法机关的，政审不合格。

4. 要注意了解对方个人信息。

如果结婚对象的户口不在一个地方，双方是经人介绍或网上认识的，结婚前一定要去对方的工作单位或者居住地了解一下对方的品德评价和原生家庭的状况。再次确认对方是否单身，如果是离异的情况，要让对方出具离婚证、民政局备案的离婚协议书。通过诉讼离婚的，要求对方出具离婚的法律文书。

5. 不要未婚先孕。

法律规定结婚自愿原则，男女双方都有权利决定结不结婚，就算未婚先孕，女方也没有权利强迫男方同其结婚，反之亦然。

另外，未婚先孕，如果之后不能结婚并选择生下孩子，不仅女方没有保障，还会影响孩子的一生。如果选择不生下孩子，因此造成的习惯性流产、不孕甚至生命危险，都将由女方承担。因此为了避免怀孕后给女方造成困惑和麻烦，一定不要未婚先孕。

6. 签署婚前协议。

如果双方系再婚、婚前有正在经营的企业，或者双方婚前打算购买房屋，上述情况下婚后很容易发生争议，一定要签署婚前协议，规避难以预料的风险。不要认为签署婚前协议是一种不够信任对方的表现，实际上，这是对彼此的保障。

7. 彩礼。

彩礼的给付时间很重要。如果是结婚登记前给付的，属于女方的个人财产；如果是结婚后给付并且没有明确说明是彩礼性质的，一般按婚后所得、属于夫妻共同财产处理。

••● 案例 ●••

2013 年，张某（女）经媒人介绍与刘某（男）相识，两人于 2013 年 5 月 20 日在民政局登记结婚。

此后，由于双方缺乏了解，没有感情基础，婚姻状况并不美满。同时，张某得知刘某在婚前欠下诸多外债，总共有 20 万元。刘某声称婚后还债，是拿自己的工资进行偿还，没有损害张某的利益。但张某表示无法接受，并要求与刘某离婚。

☞ 律师说法

因双方均同意离婚，法院一般会判决双方解除婚姻关系。此前刘某婚前所欠款项 20 万元，也应由刘某自己偿还。

债权人就一方婚前所负个人债务向债务人的配偶主张权利的，人民法院不予支持。但债权人能够证明所负债务用于婚后家庭共同生活的除外。刘某与张某结婚后的工资收入也属于夫妻共同财产的范畴，这其实意味着，刘某在婚姻期间偿还债务是动用了夫妻共同财产，已经损害了张某的利益。

相关法条

《民法典》

第一千零四十六条【结婚自愿】

结婚应当男女双方完全自愿，禁止任何一方对另一方加以强迫，禁止任何组织或个人加以干涉，或任何第三者加以干涉。

第一千零五十一条【婚姻无效的情形】

有下列情形之一的，婚姻无效：

（一）重婚；

（二）有禁止结婚的亲属关系；

（三）未到法定婚龄。

第一千零六十二条 【夫妻共同财产】

夫妻在婚姻关系存续期间所得的下列财产，为夫妻的共同财产，归夫妻共同所有：

（一）工资、奖金、劳务报酬；

（二）生产、经营、投资的收益；

（三）知识产权的收益；

（四）继承或者受赠的财产，但是本法第一千零六十三条第三项规定的除外；

（五）其他应当归共同所有的财产。

夫妻对共同财产，有平等的处理权。

02

同居期间有哪些注意事项

同居算事实婚姻吗

有人想问：同居多久算夫妻?

事实上，自 1994 年 2 月 1 日后，就没有事实婚姻这一说法了。就算两个人在同一屋檐下生活一辈子，孩子生了三四个，也不属于夫妻关系，死后也不能够相互继承。

事实婚姻的构成需要以下要件：

1. 男女双方的同居（男女双方在一起持续、稳定地共同居住）行为始于 1994 年 2 月 1 日以前；

2. 同居是以夫妻名义进行的；

3. 同居双方 1994 年以前同居时已经具备结婚的实质要件。

所谓结婚的实质要件即男女双方建立夫妻关系所必须具备的条件，具体包括：

1. 双方均达到法定婚龄（男二十二，女二十）；

2. 双方自愿结婚；

3. 双方均无配偶且不属于直系血亲或者三代以内旁系血亲；

4. 未患有医学上认为不应当结婚的疾病。

小王（男）和小张（女）是高中同学，两人毕业后都离开家乡外出打工，机缘巧合下他们在广州相遇，很快开始恋爱，2000年10月，两人回老家按照当地习俗举办婚礼，并于婚后生育两子。

之后，小王继续外出打工，小张则在家照顾孩子和老人。两人始终没有去民政局办理结婚登记。由于聚少离多，小王于2011年8月向法院提起离婚诉讼。立案时，因没有证据证明他们是夫妻关系，法院不予立案，并明确告知小王应按解除同居关系进行诉讼。

☞ 律师说法

本案中的小王和小张的确属于同居关系，不能定为事实婚姻。

根据司法解释，无论男女双方同居生活多久，都不算事实婚姻，只能作为同居关系，所以小王按离婚起诉，法院不予立案。

如果男女双方符合结婚实质要件，也就是符合办理结婚登记手续条件，应该去补办结婚登记。如果没有补办，只能算同居关系，目前单纯的同居关系不受法律保护。

但是在同居关系中，双方因财产问题、债务问题、抚养权问题等产生纠纷，也可以起诉至法院，按照同居关系请求法院给予解决。

随着社会发展和人们观念的变化，同居现象已经非常普遍。但也提醒恋爱期间的男女双方，如果已经有了组建家庭的想法，也符合结婚的实质要件，还是应办理结婚登记手续，这样对双方的人身关系、财产关系都是一种保护，也可以避免一些矛盾。

相关法条

《民法典婚姻家庭编的解释（一）》

第三条 当事人提起诉讼仅请求解除同居关系的，人民法院不予受理；已经受理的，裁定驳回起诉。

当事人因同居期间财产分割或者子女抚养纠纷提起诉讼的，人民法院应当受理。

第七条 未依据《民法典》第一千零四十九条规定办理结婚登记而以夫妻名义共同生活的男女，提起诉讼要求离婚的，应当区别对待：

（一）1994年2月1日民政部《婚姻登记管理条例》公布实施以前，男女双方已经符合结婚实质要件的，按事实婚姻处理。

（二）1994年2月1日民政部《婚姻登记管理条例》公布实施以后，男女双方符合结婚实质要件的，人民法院应当告知其补办结婚登记。未补办结婚登记的，依据本解释第三条处理。

未婚同居怀孕，男方负哪些责任

男女双方未婚同居期间，女方怀孕，男方有责任与女方一起承担怀孕的后果。如果女方选择放弃孩子，男方需支付女方的手术费、护理费、营养费等；如果女方选择把孩子生下来，男方需支付孩子的抚养费，直到孩子成年为止。

同时，由于两个人没有办理结婚登记手续，不受法律承认和保护，双方当事人也不是合法的婚姻关系，彼此之间也就没有夫妻忠诚义务等法律义务。

未婚先孕并不违法，如果一方不同意结婚，另一方也不能一直强烈主张结婚，因为双方都没有要求对方必须结婚的权利。如果两个人想分手，也可以选择分开。

••● 案例 ●••

小崔（女）和小黄（男）恋爱不久后，便开始了甜蜜的同居生活。同居两年间，小崔曾两次怀孕，她的想法是怀孕了就生下来，两人登记结婚。但是小黄不这么想，小崔每次提起结婚，小黄总以结婚条件不成熟为由劝说小崔打掉孩子，女方也在男方的劝说下做了两次流产。

后来喜欢孩子的小崔再次怀孕，她瞒着小黄说去外地出差，并偷偷生下了孩子，之后要求小黄共同抚养。

小黄不仅拒绝抚养孩子，还与她大吵一架，然后提出分手。小崔伤心难耐，又无力独自抚养孩子，便将小黄告上法院，要求男方支付 10 万元抚养费。那么小崔的诉求能得到法院的支持吗？

☞ 律师说法

一般来讲，男方需要支付孩子的抚养费，按规定得支付到孩子年满十八周岁。如果男方不抚养孩子或者不支付抚养费，那么女方可以要求其承担抚养的责任。

为了保证孩子健康成长，同居怀孕后，双方可以就孩子的抚养问题协商或诉讼解决。就算双方不幸分手，男方也要给女方一定的经济补偿。

当然，如果同居期间对子女抚养和财产分割有争议，也可以起诉至法院来解决同居期间抚养权纠纷或者析产纠纷。

上述案例中，虽然男方应该支付抚养费，但是一定要支付 10 万元这么多吗？

答案是不一定。子女抚养费的数额，可根据子女的实际需要，即子女在学习和生活方面的需要，父母双方的负担能力，即父母是否有工作、是否残疾等，以及当地的实际生活水平，即当地的经济发展状况来确定。所以，抚养费的金额是根据自己的实际情况和当地的经济水平决定的，不是对方要多少就得给多少。

相关法条

《民法典》

第一千零四十六条 【结婚自愿】

结婚应当男女双方完全自愿，禁止任何一方对另一方加以强迫，禁止任何组织或者个人加以干涉。

第一千零七十一条 【非婚生子女权利】

不直接抚养非婚生子女的生父或者生母，应当负担未成年子女或者不能独立生活的成年子女的抚养费。

非婚生子女享有与婚生子女同等的权利，任何组织或者个人不得加以危害和歧视。

《民法典婚姻家庭编的解释（一）》

第四十九条 抚养费的数额，可以根据子女的实际需要、父母双方的负担能力和当地的实际生活水平确定。

有固定收入的，抚养费一般可以按其月总收入的百分之二十至三十的比例给付。负担两个以上子女抚养费的，比例可以适当提高，但一般不得超过月总收入的百分之五十。

无固定收入的，抚养费的数额可以依据当年总收入或者同行业平均收入，参照上述比例确定。

有特殊情况的，可以适当提高或者降低上述比例。

同居违法吗

　　同居是指男女双方不领结婚证，但在一起生活。目前我国没有"非法同居"这一法律概念，这一法律用语已经被删除。根据现行法律规定，没有配偶的男女双方同居，不违法，但也不受法律保护。

　　很多人办理结婚仪式后，因为种种原因不进行结婚登记，民间把这种夫妻关系统称为事实婚姻。但像前面提到的，现在法律上已经没有事实婚姻这种说法了。对于没有配偶的异性双方是否选择同居生活，完全由个人决定，但遇到权利纠纷，后果也要由个人承担。

•••● 案例 ●•••

　　赵某是一名刚刚毕业的女大学生，毕业后进入一家 IT 公司做行政专员。苏某是这家公司的老板，之后，赵某和苏某发展成恋人关系，并开始同居生活。赵某不知道苏某已经结婚，而苏某的妻子因为需要照顾孩子和老人，长期在外地生活。

　　2016 年赵某怀孕，催苏某结婚，苏某以种种借口不去办理结婚登记，但是与赵某举办了婚礼，邀请了身边的朋友、同事以及赵某的家人。此后，赵某和苏某就这样以夫妻名义生活在一起，并生育一女，后来赵某发现苏某经常以出差为由失联，才发现原来苏某早已结婚，另有家庭。

☞ 律师说法

同居在法律上本身是不违法的，但是如果同居期间触犯了其他法律，也可能导致违法结果。

上述案例中，赵某和苏某是同居关系，虽然举办了婚礼，但是没有办理结婚登记，这种同居不受法律保护。如果涉及同居期间的共同财产、孩子抚养问题，可以通过法院诉讼解决。

另外，苏某属于已婚状态发展婚外情，以夫妻名义和赵某长期同居生活，苏某已经涉嫌构成重婚罪。赵某不知实情，是受害者，赵某不构成重婚罪。

但如果本案中赵某知道苏某有家庭、有妻子，还故意和苏某长期以夫妻名义同居生活，那赵某也涉嫌构成重婚罪，这种同居关系就是违法的。

另外还有两种同居关系是违法的，第一种是与未满十四周岁幼女同居发生性关系，无论是否取得幼女同意。如果是成年男性，这种情况已经构成强奸罪。

第二种是，如果明知对方的配偶是现役军人，还与军人的配偶同居生活，会构成破坏军婚罪，这里的同居生活不要求必须以夫妻名义，只要发生同居行为就构成犯罪。

相关法条

《民法典婚姻家庭编的解释（一）》

第三条 当事人提起诉讼仅请求解除同居关系的，人民法院不予受理；已经受理的，裁定驳回起诉。

当事人因同居期间财产分割或者子女抚养纠纷提起诉讼的，人民法院应当受理。

第七条 未依据《民法典》第一千零四十九条规定办理结婚登记而以夫妻名义共同生活的男女，提起诉讼要求离婚的，应当区别对待：

（一）1994 年 2 月 1 日民政部《婚姻登记管理条例》公布实施以前，男女双方已经符合结婚实质要件的，按事实婚姻处理。

（二）1994 年 2 月 1 日民政部《婚姻登记管理条例》公布实施以后，男女双方符合结婚实质要件的，人民法院应当告知其补办结婚登记。未补办结婚登记的，依据本解释第三条处理。

《刑法》

第二百三十六条 【强奸罪】

以暴力、胁迫或者其他手段强奸妇女的，处三年以上十年以下有期徒刑。

奸淫不满十四周岁的幼女的，以强奸论，从重处罚。

强奸妇女、奸淫幼女，有下列情形之一的，处十年以上有期徒刑、无期徒刑或者死刑：

（一）强奸妇女、奸淫幼女情节恶劣的；

（二）强奸妇女、奸淫幼女多人的；

（三）在公共场所当众强奸妇女、奸淫幼女的；

（四）二人以上轮奸的；

（五）奸淫不满十周岁的幼女或者造成幼女伤害的；

（六）致使被害人重伤、死亡或者造成其他严重后果的。

第二百五十八条 【重婚罪】

有配偶而重婚的，或者明知他人有配偶而与之结婚的，处二年以下有期徒刑或者拘役。

第二百五十九条 【破坏军婚罪】

明知是现役军人的配偶而与之同居或者结婚的，处三年以下有期徒刑或者拘役。

利用职权、从属关系，以胁迫手段奸淫现役军人的妻子的，依照本法第二百三十六条的规定定罪处罚。

同居期间遭遇暴力，怎么办

同居期间的暴力行为，经常遇到有些难以维权的情况，一方面因涉及情感，所以遭受暴力侵害的一方可能会比较感性地原谅对方的施暴；另一方面由于私密性而造成取证相对困难。恋爱中的男女，不要被感情迷惑，还是要理性看待对方的品性，如果发现有暴力倾向一定要及时远离。那么，在同居期间遭到暴力侵害，应该如何处理呢？

·•● 案例 ●•·

张某（男）与王某（女）因合作生意产生了感情，2018 年起，二人在北京同居生活，后因生意失败返回家乡，在某酒店打工。打工期间，张某经常酗酒，醉酒后对王某进行辱骂、殴打。

2020 年 3 月 4 日，王某报警称其遭遇家暴，公安上门接警，张某自认喜欢喝酒并且酒后难以自控。

2020 年 3 月 6 日，王某向当地法院申请签发人身保护令，法院当即受理。承办法官当日查看相关证据，并与王某、张某、社区工作人员等多方进行沟通，核实案件情况，次日便发出人身保护令，裁定从即日起禁止张某对王某实施家庭暴力。

为确保这份人身保护令的执行实效，2020 年 3 月 8 日，法院向王某所在的社区、管辖的派出所等单位送达了人身保护令，请求协助执行，以保障王某的人身安全。

☞ 律师说法

"家庭和睦则社会安定，家庭幸福则社会祥和，家庭文明则社会文明"，发生在家庭成员之间的暴力行为，不仅会直接危害个人的身心健康和生命安全，导致家庭破裂、未成年人生活无着落，还极易引发恶性刑事案件。

2016 年实施的《中华人民共和国反家庭暴力法》（以下简称《反家庭暴力法》），表明了国家禁止任何形式家庭暴力的鲜明态度，其中人身保护令是《反家庭暴力法》创设的重要手段，也是该法的核心内容。

在我国，随着社会日趋多元化，包容性也愈来愈强，非婚同居已经成为一种普遍现象。现实生活中，还有所谓的离婚不离家等特殊情况。尽管非婚同居和离婚不离家的当事人之间不存在婚姻关系，但因性、感情和经济等多重因素的交织牵绊，这种密切关系不容忽视。

考虑到中国的国情、与现行法律的衔接以及公众的接受程度，《反家庭暴力法》不仅保护家庭成员之间的被家暴者，还同时保护未婚同居的被家暴者。在该法之下，家庭暴力不再是家务事，而是"人人都能举报、多部门能干预"，满足大众对人权保障的诉求。

在这里也提醒大家，如果遭受了暴力，一定要注意保留相关证据，如同居证明、监控、录音录像、证人证言、医疗诊断证明等，必要时选择报警或提起诉讼，可以依法维护自己的合法权益。

———— 问题拓展 ————

如果张某给王某造成轻伤以上的危害结果，还可能涉嫌故意伤害罪，依法应追究张某的刑事责任。

相关法条

《反家庭暴力法》

第十三条 家庭暴力受害人及其法定代理人、近亲属可以向加害人或者受害人所在单位、居民委员会、村民委员会、妇女联合会等单位投诉、反映或者求助。有关单位接到家庭暴力投诉、反映或者求助后，应当给予帮助、处理。

家庭暴力受害人及其法定代理人、近亲属也可以向公安机关报案或者依法向人民法院起诉。

单位、个人发现正在发生的家庭暴力行为，有权及时劝阻。

第二十九条 人身安全保护令可以包括下列措施：

（一）禁止被申请人实施家庭暴力；

（二）禁止被申请人骚扰、跟踪、接触申请人及其相关近亲属；

（三）责令被申请人迁出申请人住所；

（四）保护申请人人身安全的其他措施。

同居怀孕，女方可以擅自堕胎吗

我们先来了解一下什么是生育权，它是指个人依法享有的生育子女和不生育子女的权利。男方或女方作为生育权的主体，均享有生育与不生育的自由，但是生育的决定权在女方。

这是因为在生育过程中，生育的责任和风险多由女性承担，女性在怀孕、生育、抚养孩子的过程中，需要承担各种痛苦和不便，抚养教育孩子方面的付出一般也比男性多。

由于女性在实现生育权方面付出的代价大于男性，当双方在生育问题上存在不同意见甚至发生冲突时，法律也会优先尊重女性是否有生育意愿。所以，不论是在同居期间，还是结婚期间，女方要想选择打胎，不管有没有经过男方同意，都不侵犯男方的权利。那么，男方是否可以因女方损害自己的知情权，向女方索取赔偿呢？

••● 案例 ●••

苏某（女）和袁某（男）于2017年相识相恋，不久后开始同居。

苏某十分爱对方，但是袁某性情不好，一言不合就动手打人，导致同居生活并不幸福。袁某与苏某同居过程中，由于没做好避孕措施，导致苏某意外怀孕。

苏某得知自己怀孕后，考虑到袁某平时对她不好，也没有跟对方结婚生子的信心，于是瞒着袁某，自己去医院偷偷打掉了孩子。

袁某认为苏某损害了自己的生育权，一纸诉状将苏某告上法院，要求苏某赔偿精神损失费 3 万元。法院判决，驳回袁某的诉讼请求。

☞ 律师说法

可以看出，女方有独立决定生育的权利，因此男方不可以要求赔偿。

已婚夫妇如果因此产生争执，丈夫可以感情破裂为由要求离婚。如果男女双方仅是同居关系，没有办理结婚登记，法律没有对男方的保护措施。

为了男女双方感情能够良好发展，建议生育大事还是要双方共同协商为好。

相关法条

《民法典婚姻家庭编的解释（一）》

第二十三条 夫以妻擅自中止妊娠侵犯其生育权为由请求损害赔偿的，人民法院不予支持；夫妻双方因是否生育发生纠纷，致使感情确已破裂，一方请求离婚的，人民法院经调解无效，应依照民法典第一千零七十九条第三款第五项的规定处理。

附《民法典》第一千零七十九条第三款第五项：

有下列情形之一，调解无效的，应当准予离婚：（五）其他导致夫妻感情破裂的情形。

《中华人民共和国妇女权益保障法》（以下简称《妇女权益保障法》）

第五十一条 妇女有按照国家有关规定生育子女的权利，也有不生育的自由。

同居期间财产如何分割

同居期间的财产分割问题，因为相关的法律规定并不十分明确，当事人争议较大，此类案件也成为法律实务中的一个难点。同居期间的财产该如何分割，需要看同居关系解除时的具体情况、有无约定、具体的贡献等。

•••● 案例 ●•••

张某（男）与王某（女）长期保持着同居关系。其间，张某在北京购买了五套房产，登记在自己名下。王某的多张银行卡由张某长期使用，且张某在购房还贷期间，多次使用王某的银行卡大额取现及向开发商转账支付购房款。

后来张某与王某因感情不合而分手，双方对于同居期间购买的房产归属问题产生纠纷，于是王某向法院提起同居关系析产诉讼，要求分割房产。

法院经审理认为，本案王某与张某非夫妻关系，不能认定双方的共同财产为夫妻共同财产，而只能按共有人分割共有物的规定处理。

本案中，王某的多张银行卡由张某较长时间使用，且张某在购房还贷期间，多次使用王某的银行卡大额取现及向开发商转账支付购房款。根据《民法典》第三百零八条的规定，可以认定涉案房屋为共同购买，属于共同共有。

因王某和张某无法证明各自具体的出资份额，法院根据现有证据亦无法确定，根据《民法典》第三百零九条规定，判决王某与张某对上述涉案五套房产各享有 50% 的份额。

☞ 律师说法

同居关系纠纷主要是指具有同居关系的男女当事人解除同居关系时，涉及同居关系存续期间共有财产分割或者子女抚养问题而引发的纠纷。

当事人起诉只请求要解除同居关系的，法院一般不予受理。法院在处理同居关系纠纷时，首先需要确认的是双方当事人之间是否存在同居关系。

司法实践中，对于如何确认存在同居关系并没有一个统一的标准，相较于一夜情、短暂的恋爱关系等情形，长期且较为稳定地共同生活是同居关系成立的典型特征。

但由于同居是发生在当事人之间比较私密的事件，外人一般知之甚少，且即使共同生活也很少在平时生活中留下比较充足的证据。当发生争议时，如果另外一方否认存在同居关系，主张存在同居关系的一方欲证明这一事实存在并不容易，法院也很难认定。

因此，法院会结合当事人提交的证据进行综合判断。在同居关系纠纷中，财产问题往往是当事人之间的争议焦点。在确认双方当事人存在同居关系的情形下，法院需要对双方之间的财产分割或者子女抚养问题进行处理。而在无法确认双方存在同居关系时，法院则不能在此类案件中对相关问题进行处理。

<hr>问题拓展<hr>

同居关系与婚姻关系不同，同居并不受我国法律的保护，现行规定对此并不鼓励，因此当事人在选择此种生活方式时要慎重，双方最好达成明确的约定，从而避免日后产生争议。

相关法条

《民法典》

第三百零八条 【按份共有的推定】

共有人对共有的不动产或者动产没有约定为按份共有或者共同共有，或者约定不明确的，除共有人具有家庭关系等外，视为按份共有。

第三百零九条 【按份共有人份额的确定】

按份共有人对共有的不动产或者动产享有的份额，没有约定或者约定不明确的，按照出资额确定；不能确定出资额的，视为等额享有。

第一千零四十一条 【基本原则】

婚姻家庭受国家保护。

实行婚姻自由、一夫一妻、男女平等的婚姻制度。

保护妇女、未成年人、老年人、残疾人的合法权益。

《中华人民共和国民事诉讼法》（以下简称《民事诉讼法》）

第六十七条 当事人对自己提出的主张，有责任提供证据。

当事人及其诉讼代理人因客观原因不能自行收集的证据，或者人民法院认为审理案件需要的证据，人民法院应当调查收集。

人民法院应当按照法定程序，全面地、客观地审查核实证据。

《最高人民法院关于适用〈中华人民共和国民事诉讼法〉的解释》

第九十条 当事人对自己提出的诉讼请求所依据的事实或者反驳对方诉讼请求所依据的事实，应当提供证据加以证明，但法律另有规定的除外。

在作出判决前，当事人未能提供证据或者证据不足以证明其事实主张的，由负有举证证明责任的当事人承担不利的后果。

03

结婚前先搞清楚婚前财产

婚前财产会变成夫妻共同财产吗

爱情是美好的，因为恋爱时不必考虑太多现实问题，两个人只要好好享受在一起的甜蜜时光就好。但结婚以后就多了许多现实考量，要从两个人的恋爱变成两个家庭的相处。

爱情是风花雪月，婚姻是柴米油盐。

爱情可以浪漫，也可以有情饮水饱，但婚姻必须扛起家庭的责任与义务，因此很多看似动人的爱情，一谈到结婚就脆弱起来。

•·● 案例 ●·•

2018 年 3 月，孙某（男）在某市郊外某楼盘购得三室两厅共 95 平方米商品房一套，孙某支付了首期楼款后，因经济收入有限已无力支付剩余的尾款，仅滞纳金就达到几千元。同样因经济能力问题，孙某购置的该房产一直未装修入住。

2020 年 6 月，孙某通过朋友介绍认识了柳某（女），孙某与柳某口头约定，孙某在 2018 年所购商品房为两人婚后共同财产，孙某承诺办理完结婚手续就和柳某去房屋管理机关变更产权证。

孙某坦白由于钱不够，自己只支付了房子首期款，尾款需要柳某承担一部分，柳某见孙某态度诚恳，且两人已经谈婚论嫁，欣然同意了孙某的要求。当天下午，她就去银行提取了 22 万元现金，还清了拖欠尾款和罚金。

然后两人开始筹办结婚，柳某主动承担了房子的装修费用，2019 年 12 月房屋装修完毕，柳某支付了近 10 万元的装修费用。

2021 年 1 月，两人正式登记结婚，但婚后不久，他们开始产生矛盾与争执。同年 4 月，孙某向法院起诉要求离婚，对于房产问题只字不提。柳某意识到孙某与之结婚的根本目的是要钱，对美好婚姻的憧憬成为泡影，于是决定放弃。柳某应诉，表示愿意离婚，但要求分割房产。

孙某对房屋内的装修内容均予以确认，对于柳某签订的装修合同也予以确认，但对于柳某提交的交款单据却矢口否认，认为每张单据上均写明交款人是孙某，因此单据属于柳某假造；至于装修房屋所花的钱款以及房屋尾款也是孙某以现金形式支付的。法院经过审理，判决孙某 2018 年所购房产属于孙某个人所有，但孙某需归还柳某房屋装修款和房产尾款共 32 万元。

☞ 律师说法

从法律上讲，个人财产不会因婚姻存续时间的长短而发生转化，变为夫妻共同财产。但现实中，有些情况下个人财产会不知不觉地变成夫妻共同财产。

例如：第一种情况，丈夫做生意，妻子为了支持丈夫，把婚前的 100

万元存款给了他；第二种情况，出售自己婚前的车辆变成货币给丈夫；第三种情况，婚前有一套房，婚后变卖了，之后又买新房登记在对方名下；第四种情况，自己名下的婚前存款在不停地转入转出后，和婚后存款发生了混同。上述这些做法都有可能使婚前财产变成夫妻共同财产。

对于婚前财产最好建立"隔离"制度，以免和婚后夫妻共同财产发生混同。

具体的方法为：第一，婚前收入单独存入一张卡，不用于家庭支出；第二，婚前存款不能与婚后的收入放在一起；第三，如使用婚前存款，应留下来龙去脉证据链；第四，签署夫妻财产协议，约定财产的归属。

相关法条

《民法典》

第一千零六十三条 【夫妻个人财产】

下列财产为夫妻一方的个人财产：

（一）一方的婚前财产；

（二）一方因受到人身损害获得的赔偿或者补偿；

（三）遗嘱或者赠与合同中确定只归一方的财产；

（四）一方专用的生活用品；

（五）其他应当归一方的财产。

第一千零六十五条 【夫妻约定财产制】

男女双方可以约定婚姻关系存续期间所得的财产以及婚前财产归各自所有、共同所有或者部分各自所有、部分共同所有。约定应当采用书面形式。没有约定或者约定不明确的，适用本法第一千零六十二条、第一千零六十三条的规定。

　　夫妻对婚姻关系存续期间所得的财产以及婚前财产的约定，对双方具有法律约束力。夫妻对婚姻关系存续期间所得的财产约定归各自所有，夫或者妻一方对外所负的债务，相对人知道该约定的，以夫或者妻一方的个人财产清偿。

个人房产在婚后的租金，属于夫妻共同财产吗

　　现代社会生活条件逐渐变好了，很多人在婚前已经购得房产，不管是父母出资还是个人努力，总的来说都是一份保障。根据我国法律规定，一方在结婚登记之前全款购买的房产应属于婚前房产。而婚前个人财产在婚后因双方共同努力所产生的收益，属于夫妻共同财产，但孳息和自然增值部分仍属于一方的个人财产。

　　那有的人可能想知道，租金该属于孳息还是收益呢？关于这一点，我国法律没有明确，实践中主要看双方是否对房产出租行为付出了大量的时间管理。

··•● 案例 ●•··

　　2012 年 5 月，小张（男）继承了父母在阳光花园一期的一套房屋。2014 年 1 月，小张与小王（女）登记结婚，并把继承的那套房子当作新房。

　　2014 年 6 月，小王的父母出资在阳光花园二期购买了一套两居室，房产证上只登记了小王一个人。之后，小两口共同出资，

将花园二期的房子装修一新，并于 2015 年元旦搬进了花园二期的新房。

婚后，小王觉得花园一期的房子闲置着可惜，便提出将该房屋整理一下用于出租。小张同意了，但说自己很忙，让妻子全权打理，随后便没有过问该房子的事情。

小王与小张达成一致后，便开始操持该房屋的修缮、维护、广告、出租、谈判、签订租赁合同等一系列事情，并在合同中的付款方式一栏里，把丈夫小张名下的银行卡号写了上去，约定由租客在每个季度初期将房租汇入小张的银行账户。在房屋租赁过程中，每每遇到卫生间漏水、厨房管道堵塞、物业纠纷、家具维修等问题，都是小王出面处理。

2017 年 8 月，小张与小王因感情不和离婚。在财产分割上，两人产生了很大的分歧。小张主张花园二期的房子属于夫妻共同财产，要求分割；小王则主张花园二期的房子是父母出资购买赠送给自己的，属于自己的个人财产，小张无权分割。同时，小王还提出，花园一期的房屋两年下来共收到租金 96000 元，这笔租金应有一半属于自己。

小张认为，花园一期的房屋是自己婚前继承所得，与小王无关，小王无权要求分割这笔房租。

法院经审理认为，花园二期房屋为小王父母出资购买，并登记在小王一人名下，是小王父母对小王个人的赠予，属于小王的个人财产。而花园一期房屋的修缮、维护以及后续出租的广告、谈判、签订合同等事项，都是妻子小王在操持。可以说，小王对于该套房屋的租赁收入具有密不可分的直接贡献，房屋租金与小王的积极贡献具有直接的因果关系。因此，此时花园一期房屋的房租已经不再是法定孳息，而应该属于"生产、经营的收益"范畴，此类收益属于夫妻共同财产。因此判决 96000 元房租属于夫妻共同财产。

☞ 律师说法

婚前个人财产产生的孳息本来是属于一方所有的，如果夫妻双方对于天然孳息和法定孳息的产生都有贡献，就不能那么简单地划分了。

本案中，鉴于小王对于花园一期房屋在租赁方面所付出的一系列劳务，如果将该笔租金收入认定为小张的个人财产，就损害了小王的合法权益，明显有悖于《民法典》的公平原则。因此，这笔租金收入应属于夫妻共同财产，双方离婚时依法应纳入夫妻共同财产里加以分割。

现实中还有一种情况，就是婚前按揭购买的房子，婚后出租后用租金还贷款，那么婚后还的贷款所对应的房产份额有可能会被认定为夫妻共同财产。

如果用租金进行了消费，如购买了生活用品等，因为租金和夫妻共同财产发生了混同，离婚时对于留存的物品，一般也会按夫妻共同财产分割。

相关法条

《民法典》

第一千零六十二条 【夫妻共同财产】

夫妻在婚姻关系存续期间所得的下列财产，为夫妻的共同财产，归夫妻共同所有：

（一）工资、奖金、劳务报酬；

（二）生产、经营、投资的收益；

（三）知识产权的收益；

（四）继承或者受赠的财产，但是本法第一千零六十三条第
三项规定的除外；

（五）其他应当归共同所有的财产。

夫妻对共同财产，有平等的处理权。

婚前双方父母共同购置的房产如何认定

由于城市房价越来越高，部分父母会攒钱在子女结婚时购买房产。但结婚之后，有些夫妻会因为生活中一些琐事争吵，导致感情破裂，就走到了离婚那一步。破碎的婚姻难以为继，可生活还要继续下去，而第一个摆在面前的问题可能就是——父母在子女婚前为其购买的房产，夫妻离婚时该怎么分割？

••• 案例 •••

张丽（女）和刘雷（男）相恋多年，但两个人奋斗多年还是买不起房子。张丽考虑到结婚没有婚房，很没有安全感，也不敢轻易办理结婚登记。于是，双方父母决定出资帮助他们，由男方父母资助 100 万元，女方父母资助 80 万元，在张丽和刘雷婚前凑足 180 万元购买了一套两居室的房子作为婚房。

刚开始两个人的小日子过得很幸福，但两年后他们经常因为家庭琐事争吵，矛盾产生后，双方因感情不和协议离婚，目前这套房子价值 230 万元。离婚时，该房产应该如何分割呢？

☞ 律师说法

针对上述案例的情况，首先要弄清楚双方父母的资助行为是赠与还是借款。

本案中，双方父母的婚前出资较为明确，并计入各自子女的个人出资，即男方出资 100 万元，女方出资 80 万元。在两人离婚时，应按照 5∶4 的比例分割该套价值 230 万元的房产。

此外还有不同的情形：若上述出资是父母对各自子女的借款，那么双方父母资助的钱应视作两人的夫妻共同债务。离婚时应按照 1∶1 的比例分割该套价值 230 万元的房屋，同时双方应共同偿还对父母的借款。

如果双方父母的出资都明确表示是对夫妻两人的赠与，那么，离婚时应按照 1∶1 的比例分割该套价值 230 万元的房屋，同时双方无须向双方父母承担还款责任。

根据《民法典婚姻家庭编的解释（一）》第二十九条规定，当事人结婚前，父母为双方购置房屋出资的，该出资应当认定为对自己子女个人的赠与，但父母明确表示赠与双方的除外。

因此，在未明确表示赠与夫妻双方的情况下，父母出资支付的首付部分并不属于夫妻共同财产，而属于自己子女一方的个人财产。夫妻婚后共同还贷的份额则属于夫妻共同财产。也就是说，这种购买模式下的婚房是个人财产和夫妻共同财产的混合体。

现实生活中，一方父母出资后，虽然表面上将不动产产权登记在另一方名下，但究其原因，既有同意赠与另一方的情形，也有可能是为了登记方便或为了符合各地的购房政策要求。

如果仅根据不动产登记在另一方名下这一事实，就将一方父母的出资视为对另一方的赠与，可能导致产权登记与出资真意不符，对于为子女购房出资倾注毕生积蓄的一方父母而言，合法权益难以得到保障。因此这种形式的房产分割更为复杂一些。

首先，应确定支付首付一方的首付额度，首付部分及所对应的增值部分均为支付首付一方的个人财产。而属于夫妻共同财产部分，则需要更为复杂的分割，比如，共同还贷的部分、尚未还贷的部分以及各部分所对应的增值部分，都需要细化分割处理，而不是传统意义上简单的五五分。

相关法条

《民法典婚姻家庭编的解释（一）》

第二十九条 当事人结婚前，父母为双方购置房屋出资的，该出资应当认定为对自己子女个人的赠与，但父母明确表示赠与双方的除外。

当事人结婚后，父母为双方购置房屋出资的，依照约定处理；没有约定或者约定不明确的，按照《民法典》第一千零六十二条第一款第四项规定的原则处理。

《民法典》

第一千零六十二条【夫妻共同财产】

夫妻在婚姻关系存续期间所得的下列财产，为夫妻的共同财产，归夫妻共同所有：

（一）工资、奖金、劳务报酬；

（二）生产、经营、投资的收益；

（三）知识产权的收益；

（四）继承或者受赠的财产，但是本法第一千零六十三条第三项规定的除外；

（五）其他应当归共同所有的财产。

夫妻对共同财产，有平等的处理权。

第一千零六十三条【夫妻个人财产】

下列财产为夫妻一方的个人财产：

（一）一方的婚前财产；

（二）一方因受到人身损害获得的赔偿或者补偿；

（三）遗嘱或者赠与合同中确定只归一方的财产；

（四）一方专用的生活用品；

（五）其他应当归一方的财产。

婚前父母给儿女买房，算夫妻共同债务吗

面对不断攀升的房价，日常生活中，父母为子女结婚购置房屋出资已经成为普遍现象。先买房后结婚，也成了不少年轻人的要求。只是，曾经凝结了父母对子女关爱的购房出资，在离婚纠纷中却会成为双方当事人争执不下的"主战场"。在实务中，父母的出资该如何定性？是借款还是赠与？

·•● 案例 ●•·

　　程宇（男）与赵悦（女）于 2015 年 10 月结婚，当时程宇的父母出资 120 万元用于儿子买房。

　　2020 年，因感情破裂，程宇提出离婚。但涉及房屋问题，男方的父母起诉至法院，要求女方偿还当时买房时自己出资的借款 120 万元以及利息。女方则主张该款项是用来资助他们购房的，属于赠与。

　　庭审中，男方父母拿出程宇 2018 年补签的借条，借条上虽然没有女方的签字，但在双方离婚过程中，女方曾在聊天记录里明确承诺会归还男方父母的购房款，但后来女方反悔说该款项系男方父母的赠与行为。

　　本案争议焦点是，男方父母出资的 120 万元究竟属于赠与还

是借款。虽然借条是补签的，但因男方父母提供了转账记录证明、借条、聊天记录、录音等证据，并且女方没有相应的证据证明该笔出资是赠与。因此，推定借款成立。

☞ 律师说法

现在年轻人的婚姻状况不算稳定，而婚姻关系的破裂又经常伴随着房产分割。由于很多父母爱子心切，往往会掏空一辈子的积蓄为子女购房。所以，有时候对儿女房产的分割，也是对父母一辈子积蓄的分割。

当离婚房产分割的问题越来越尖锐，父母出资为子女买房是借款还是赠与，也就变成了备受瞩目的问题。

离婚时子女与父母属于利益共同体，可以任意补签借条，如果借款关系成立的话，那么另一方就得归还借款，但是由子女个人与父母补签的借条效力通常并不高，尤其是在婚姻感情不合的阶段。为了规避这种风险，建议父母与子女之间，在购买房屋时有明确的协议，对于购房出资写清楚是借款还是赠与，或者是附有条件的赠与，这样能有效避免之后不必要的纠纷。

相关法条

方的除外。

当事人结婚后，父母为双方购置房屋出资的，依照约定处理；没有约定或者约定不明确的，按照《民法典》第一千零六十二条第一款第四项规定的原则处理。

《民法典》

第一千零六十二条【夫妻共同财产】

夫妻在婚姻关系存续期间所得的下列财产，为夫妻的共同财产，归夫妻共同所有：

（一）工资、奖金、劳务报酬；

（二）生产、经营、投资的收益；

（三）知识产权的收益；

（四）继承或者受赠的财产，但是本法第一千零六十三条第三项规定的除外；

（五）其他应当归共同所有的财产。

夫妻对共同财产，有平等的处理权。

第一千零六十三条【夫妻个人财产】

下列财产为夫妻一方的个人财产：

（一）一方的婚前财产；

（二）一方因受到人身损害获得的赔偿或者补偿；

（三）遗嘱或者赠与合同中确定只归一方的财产；

（四）一方专用的生活用品；

（五）其他应当归一方的财产。

婚前购车登记在对方名下，分手后能否要回

爱情其实是一件极其复杂的事，两个人谈恋爱时容易把感情看得比一切都重要，从而简化了爱情的复杂。而金钱关系往往是恋爱过程中最容易让双方产生矛盾的一个方面。双方热恋时还能"不计较"，将金钱忽略，可感情一旦走到尽头，利益纠纷也就纷至沓来。到底该如何解决呢？

•••• 案例 ••••

张华（男）与李依（女）于工作中相识，两人确立恋爱关系后同居。之后，张华出资购买了一辆汽车，登记在李依名下，由李依一直使用。但随着两人沟通交流越来越少，矛盾变得越来越多。李依主动向张华提出分手，张华要求李依返还汽车未果，遂引起本案诉讼。

法院判决：双方当事人均认可张华系出于能与李依正式结婚的目的，而出资购车及送车。因此，张华出资购买汽车并将车辆登记在李依名下的行为，可视为附条件的赠与行为。

本案中，该汽车虽然已经登记在李依名下，而且由李依实际

使用，但因为张华与李依最终没有形成婚姻关系，案涉的赠与行为也因此失去了法律效力。所以判决李依应将该汽车返还张华，并协助张华办理该车辆的过户登记手续。

☞ 律师说法

这里涉及两个概念：第一，车辆属于动产，对于动产来说，赠与物的交付就是赠与合同的生效要件；第二，附条件的赠与生效，不仅仅要满足赠与物交付的条件，还要求所附条件必须成立。

在本案中，赠车行为已然发生法律效力，若双方最终缔结了婚姻关系，张华财产赠与的目的实现，该赠与行为保持其原有效力，这辆汽车仍然归李依所有；若双方没有缔结婚姻关系，赠与行为就会失去法律效力，当事人之间的权利义务关系当然解除，赠与财产恢复至初始状态。

张华称该赠与是出于能和李依结婚，用于日后共同生活而为，目的是与李依缔结婚姻关系，李依对张华的这一意图也是知晓的。李依在这种情形下接受了汽车，应视为其同时接受赠与行为所附之条件，并受该条件的约束。所以，李依提出分手时，张华赠与的目的落空，赠与行为丧失法律效力。

相关法条

《民法典》

第六百五十七条 【赠与合同的概念】

赠与合同是赠与人将自己的财产无偿给予受赠人，受赠人表示接受赠与的合同。

第六百五十八条 【赠与的任意撤销及限制】

赠与人在赠与财产的权利转移之前可以撤销赠与。经过公证的赠与合同或者依法不得撤销的具有救灾、扶贫、助残等公益、道德义务性质的赠与合同，不适用前款规定。

第一百五十八条 【附条件的民事法律行为】

民事法律行为可以附条件，但是根据其性质不得附条件的除外。附生效条件的民事法律行为，自条件成就时生效。附解除条件的民事法律行为，自条件成就时失效。

婚前购买、婚后取得房产证的房产属于夫妻共同财产吗

房价越高，房子相关的问题就越牵动人心。现在房屋占家庭资产的比重太大，离婚时很难避开分房这一步，其中，大家很关心的一个问题就是，婚前购买但婚后取得房产证的房子，属于夫妻共同财产吗？

•·● 案例 ●·•

张先生在婚前买了房子，在与齐女士结婚后取得房产证。目前，张先生和齐女士因感情不和提出离婚。齐女士认为，既然张先生的房子是结婚后才发放的房产证，应该属于夫妻共同财产。

法院审理后认为，婚姻案件中通常根据房屋购买时间、房款来源做综合考虑，尽管房屋产权证是婚后取得的，但张先生婚前支付了全部购房款，应属于出资人的个人财产，而不是夫妻共同财产。因此，法院驳回了齐女士的全部诉讼请求。

上述案件中,婚前一方出资,以自己的名义购房,另一方未出资。也就是说,婚前一方以自己的名义订立购房合同、支付定金、支付房款,另一方没有出资,产权均未在房产证上登记。在这种情况下,即使双方在该房屋中生活,该房屋仍应属于一方婚前个人财产。

如果该房屋为张先生婚前购买,但属于贷款买房,并仅支付购房首付款,剩余购房贷款均于婚后夫妻双方共同偿还,婚后该房屋也登记于张某名下。这种情况下,已归还的贷款及其相对应财产增值部分属于夫妻财产共有部分。

还有一种情况是,夫妻双方婚前都出资并贷款购买房屋,登记在一方名下,婚后夫妻共同清偿贷款,在离婚分割财产时,该房屋仍为产权登记人的个人财产,剩余未归还的债务为其个人债务,但对首付款和已归还的贷款及其相对应财产增值部分为共同所有,由产权登记一方对另一方进行补偿。

相关法条

《民法典婚姻家庭编的解释(一)》

第二十五条 婚姻关系存续期间,下列财产属于《民法典》第一千零六十二条规定的"其他应当归共同所有的财产":

(一)一方以个人财产投资取得的收益;

(二)男女双方实际取得或者应当取得的住房补贴、住房公积金;

（三）男女双方实际取得或者应当取得的基本养老金、破产安置补偿费。

第二十六条 夫妻一方个人财产在婚后产生的收益，除孳息和自然增值外，应认定为夫妻共同财产。

第三十一条 《民法典》第一千零六十三条规定为夫妻一方的个人财产，不因婚姻关系的延续而转化为夫妻共同财产。但当事人另有约定的除外。

04

非婚生子怎么办

非婚生子女，对方应付抚养费吗

随着物质水平的提高，人们对精神的需求也越来越高，特别是对"自由"的向往，引发了很多非婚生子女的出生。尽管《民法典》规定：非婚生子女享有与婚生子女同等的权利，任何组织或者个人不得加以危害和歧视。但实际上还是有一部分非婚生子女长期游走于社会边缘，不仅需要承受伦理道德的责难，还会面临落户困难，进而影响正常入学、就业等。

••● 案例 ●••

2018年9月，原告李某（女）与被告张某（男）经朋友介绍认识，相识后感情迅速升温，张某向李某提出同居，同年12月，两人开始同居并过起了"夫妻生活"。

2019年，两人育有一子，起名张小。孩子出生后，张某总以工作繁忙为由不回家，张小一直由李某抚养。张小一岁零两个月的时候，张某将孩子从李某处带走。

经调查后发现，原来张某跟李某相识前已经成家，而李某是未婚状态。两人同居期间，李某与张某没有进行结婚登记。李某现向法院起诉，要求判令张小由李某抚养，由张某支付孩子的抚养费。

☞ 律师说法

非婚生子女，是相对于婚生子女的概念，指没有合法婚姻关系的男女所生的子女。根据我国的法律规定，非婚生子女应当享有与婚生子女同等的权利，因此原被告均有将张小抚养成人的权利和义务。

不与非婚生子女一起生活、未直接抚养非婚生子女的一方，不论是生父还是生母，都应当负担子女的生活费、教育费和医疗费，直到该子女独立生活时为止。

如果不与非婚生子女一起生活的一方拒绝履行上述抚养义务，非婚生子女有权向人民法院起诉，要求其承担相应的义务。因此本案中，张小的抚养费能得到法院的支持。

除了前面提到的部分，根据我国《民法典》规定，任何组织或者个人不得加以危害和歧视非婚生子女。非婚生子女与婚生子女都有继承遗产的权利，不得剥夺。

但婚姻关系存续期间，夫妻在婚外支付生育子女抚养费时形成的债务，不是基于夫妻双方的共同意思或夫妻共同生活、共同生产经营产生的，而是以承担法定义务为基础，因此属于夫妻一方的个人债务。

夫妻一方履行支付抚养费的法定义务可能仅限于个人财产，如果得到现任配偶同意，则根据民法意义自治的原则，该个人债务应被视为转换为夫妻共同债务。

如果双方最终决定离婚，在对财产分割没有特别协议的情况下，目前的配偶无权向有抚养义务的当事人返还同意后支付的一半钱。在没有协议财产制的情况下，夫妇方面对共同财产享有平等的处分权，向非婚生子女支付合理的抚养费不能视为对对方共同财产权的侵犯，除非一方支付的抚养费大大超过负担能力或有转移夫妻共同财产的行为。

我们再把问题具体到本案，张某向非婚生子支付合理的抚养费，并不构成对夫妻共同财产权的侵害。

相关法条

《民法典》

第一千零六十四条【夫妻共同债务】

夫妻双方共同签名或者夫妻一方事后追认等共同意思表示所负的债务，以及夫妻一方在婚姻关系存续期间以个人名义为家庭日常生活需要所负的债务，属于夫妻共同债务。

夫妻一方在婚姻关系存续期间以个人名义超出家庭日常生活需要所负的债务，不属于夫妻共同债务；但是，债权人能够证明该债务用于夫妻共同生活、共同生产经营或者基于夫妻双方共同意思表示的除外。

第一千零六十七条【父母的抚养义务和子女的赡养义务】

父母不履行抚养义务的，未成年子女或者不能独立生活的成年子女，有要求父母给付抚养费的权利。

成年子女不履行赡养义务的，缺乏劳动能力或者生活困难的父母，有要求成年子女给付赡养费的权利。

第一千零七十一条 【非婚生子女权利】

非婚生子女享有与婚生子女同等的权利，任何组织或者个人不得加以危害和歧视。

不直接抚养非婚生子女的生父或者生母，应当负担未成年子女或者不能独立生活的成年子女的抚养费。

第一千零七十三条 【亲子关系异议之诉】

对亲子关系有异议且有正当理由的，父或者母可以向人民法院提起诉讼，请求确认或者否认亲子关系。

对亲子关系有异议且有正当理由的，成年子女可以向人民法院提起诉讼，请求确认亲子关系。

非婚生子女能否上户口

户口是一个人拥有我国国籍，并成为我国合法公民的标志，对一个人来说是非常重要的。它是每个公民的身份证明，是指国家主管户政的行政机关所制作的，用以记载和留存住户人口的基本信息的法律文书。

•••● 案例 ●•••

2020 年 3 月，医院尿检结果显示张女士怀孕了。这个意外到来的小生命，使张女士孩子的生父王先生准备与张女士结婚。但是王先生的父母不同意他们的结合，甚至以实际行动表示反对。

在张女士怀孕四个月时，王先生没能说服自己的父母，甚至接受了父母的意见，表示不会再跟张女士来往，并申明这是自己最后一次来探望。

张女士之前患过多囊卵巢综合征，做过卵巢手术，医生告诉她，如果进行人工流产打掉孩子的话，她以后可能再难有生育机会。张女士反复思考后，决定生下这个孩子。但是如何落户，又成了张女士即将面临的难题。

☞ 律师说法

《民法典》规定，非婚生子女与婚生子女享受同样的权利，因此非婚生子女也是可以落户的。

各个地区的婴儿落户规则不尽相同，孩子的母亲携带书面申请、陈述情况说明、户口簿、身份证、婴儿出生医学证明，便可以在当地派出所办理落户。

如果想要落到男方的户口上，则需要先去指定的司法鉴定机构，做男方的亲子鉴定，拿着结果认定报告书以及其他相关证件去办理落户。

相关法条

《民法典》

第一千零七十一条【非婚生子女权利】

非婚生子女享有与婚生子女同等的权利，任何组织或者个人不得加以危害和歧视。

不直接抚养非婚生子女的生父或者生母，应当负担未成年子女或者不能独立生活的成年子女的抚养费。

非婚生子女如何确认亲子关系

男女双方在没有结婚的情况下生孩子，由于没有法律保障，很容易发生一方对非婚生子女亲属关系不承认的情况，从而拒绝承担抚养义务。为了保证非婚生子女的权益，法律上是如何确定非婚生子女与父母的亲子关系的呢？

•••● 案例 ●•••

　　小王（女）与小李（男）因日久生情，选择了同居生活。不久后，小王发现自己有了身孕，小李知道后十分兴奋，立即让小王安心养胎，其间也对女朋友进行无微不至的照顾，并商定过几天去领结婚证。

　　结果，还没等到领结婚证，小李便意外去世了。小王不忍心打掉孩子，便将孩子生了下来。等到分配遗产时，小李的父母对突如其来的孩子并不认可，但是孩子的父亲已经死亡，其他亲属也不愿做亲子鉴定，小王如何确定孩子和父亲的亲子关系呢？

☞ 律师说法

上述案例可以适用法律规则，进行亲子关系推定。有些情况下无法进行亲子鉴定，例如，主观上父亲不配合，或者客观上父亲已经去世火化，没有 DNA 样本。对此，我国法律和司法解释规定了亲子关系的推定规则，在无法通过亲子鉴定进行直接认定的情况下，法院可以根据法律规则来推定亲子关系是否成立。

根据各地区案例经验，当事人可以提供以下几种必要证据：

1. 出生证明可以作为必要证据。

2. 亲子鉴定结论优于出生证明。

3. 既无亲子鉴定，又无出生证明，可根据高度盖然性推定。例如：受孕期间是否在同居期间；受孕期间生母是否同其他男子有过同居、发生性关系的事实；是否有医学证明、书面承诺等书面材料证据。

根据《民法典》的最新规定，父母和成年子女都有权利提起进行亲子鉴定的诉讼。现实操作中，一般是运用技术手段，进行亲子关系鉴定，主要有以下 4 种方式：

1. 在生父在世的情况下，亲子关系的双方可亲自前往医院直接进行鉴定，一般 15 个工作日即可出结果。如果其中一方不愿意配合进行亲子关系鉴定，另一方可以起诉，向法院提出进行亲子关系鉴定的申请。

2. 如果父亲已经过世，可以由孩子、爷爷、奶奶这三人同时进行鉴定，从而得出孩子和已过世的父亲之间的亲子关系。在爷爷、奶奶两人健在的情况下，如果能够同时获得爷爷和奶奶两人的同意进行鉴定，这无疑是一种比较理想的方式。如果仅有爷爷一人，奶奶无法参与鉴定，则准确性将大打折扣。

3. 另外，可由父亲的其他子女（婚生子女或者非婚生子女）和孩子同时进行亲子鉴定，证明亲子关系，但是其他子女的人数最好要在 3 个以上，如果人数过少，则无法推导。

4. 还有一种方式是，如果非婚生子女为男孩，那么可以由家族中的任一男性，例如由父亲的兄弟、孩子爷爷或爷爷的兄弟等男性，通过基因中Y染色体的检验，推断出被鉴定人是否属于同一父系。但是，这种方式无法直接证明亲子关系，只能证明属于同一父系。

目前，非婚生子女在司法实践中仍处于弱势地位，所以，父母和子女更应该了解必要的法律知识，提前做好准备以维护自己的合法权益。

相关法条

《民法典》

第一千零七十三条 【亲子关系异议之述】

对亲子关系有异议且有正当理由的，父或者母可以向人民法院提起诉讼，请求确认或者否认亲子关系。

对亲子关系有异议且有正当理由的，成年子女可以向人民法院提起诉讼，请求确认亲子关系。

《民法典婚姻家庭编的解释（一）》

第三十九条 父或者母向人民法院起诉请求否认亲子关系，并已提供必要证据予以证明，另一方没有相反证据又拒绝做亲子鉴定的，人民法院可以认定否认亲子关系一方的主张成立。

非婚生子女有遗产继承权吗

现实生活中，一些非婚生子女可能会因为其身份遭受流言伤害，也就是老百姓常说的"婚外生子""私生子"，但造成非婚生的原因在于父母，不在于无辜的孩子。因此，法律规定非婚生子女与婚生子女享有同等的继承权。

•●● 案例 ●●•

小王（女）与小李（男）为夫妻，并生有一子小木，小李因车祸不幸身亡，在分配遗产时，小王才得知小李婚内出轨，还有一个私生子小森。

由于小李是意外离世，并未留下任何遗嘱，仅留下夫妻共同财产 10 万元，那么，小王会先分得属于自己的夫妻共同财产的一半 5 万元，小李名下遗产还剩 5 万元。

假如小李父母已经去世，小王、婚生子小木和私生子小森应均分剩下的 5 万元。

法律上所保护的非婚生子女，不仅仅指私生子，还包括农村大量的留守儿童。他们的父母办了婚礼但没有领证，导致在法律层面他们依旧是非婚生子女。

我们了解一下什么是遗产。

遗产，是死者的个人合法财产。遗产作为死者的私人财产，如何分配应当尊重死者的意见，在死者没有遗嘱的前提下，对遗产按照与死者血缘关系的远近亲疏来分配。在此，非婚生子女作为与死者有密切关系的亲生子女，在法律上被认为是法定继承中的第一顺序继承人。

社会上对"私生子"存在一些偏见，但孩子并不能选择自己的出身，他们不清楚也无意去干涉别人的婚姻，没有任何过错。即使是私生子，父母也应当尽抚养义务，他们也有权利继承亲生父母的遗产。

如果夫妻双方已经商议好对死后财产的分配，可以通过遗嘱的方式确定遗产的继承人。在法律上，遗嘱的效力优先于法定继承。

相关法条

《民法典》

第一千一百二十七条 【继承人的范围及继承顺序】

遗产按照下列顺序继承：

（一）第一顺序：配偶、子女、父母；

（二）第二顺序：兄弟姐妹、祖父母、外祖父母。

继承开始后，由第一顺序继承人继承，第二顺序继承人不继承；没有第一顺序继承人继承的，由第二顺序继承人继承。

本编所称子女，包括婚生子女、非婚生子女、养子女和有扶养关系的继子女。

本编所称父母，包括生父母、养父母和有扶养关系的继父母。

本编所称兄弟姐妹，包括同父母的兄弟姐妹、同父异母或者同母异父的兄弟姐妹、养兄弟姐妹、有扶养关系的继兄弟姐妹。

第一千一百二十二条 【遗产的范围】

遗产是自然人死亡时遗留的个人合法财产。

依照法律规定或者根据其性质不得继承的遗产，不得继承。

第一千零七十一条 【非婚生子女权利】

非婚生子女享有与婚生子女同等的权利，任何人都不得加以危害和歧视。不直接抚养非婚生子女的生父或者生母，应当负担未成年子女或者不能独立生活的成年子女的抚养费。

《最高人民法院关于适用〈中华人民共和国民法典〉继承编的解释（一）〔以下简称《民法典继承编的解释（一）》〕

第三条 被继承人生前与他人订有遗赠扶养协议，同时又立有遗嘱的，继承开始后，如果遗赠扶养协议与遗嘱没有抵触，遗产分别按协议和遗嘱处理；如果有抵触，按协议处理，与协议抵触的遗嘱全部或者部分无效。

05

法律如何规定彩礼和嫁妆

彩礼不能超过 3 万元是真的吗

古时候，在男女双方缔结婚姻前，男方要给女方一定数量的财物，称之为聘礼，这是一种古老的婚嫁习俗，发展到现在也叫彩礼。一般来说，人们会用彩礼钱购买家具、家电，或支付女方的酒席费用等，也有人直接把它作为嫁妆，让女方自由支配。由于彩礼是一笔不小的支出，也有人形容那是趁喜"打劫"。

中国法律对彩礼的态度是，既不支持也不禁止，尊重民风民俗，提倡婚姻自由自愿。至于当事人要不要付彩礼、付多少，都不会干涉。但可能有些地方政府为了减轻民众的彩礼负担，所以提出了一些限制性的规定，但这是一个倡议通知，不具备强制性。

•••● 案例 ●•••

2021 年 4 月 16 日，河南省商丘市宁陵县因为"彩礼规定"上了热搜。

由县委书记牵头，该县成立了红白理事会，将婚丧习俗普遍纳入村规民约，主张彩礼不超过 3 万元，红事不超过每桌 350 元，白事不超过每桌 200 元。

这个事情的初衷是好的，但误导了大众，让很多人误以为彩礼不能超过 3 万是法律明文规定的，但实际上并非如此。

☞ 律师说法

在《民法典》中，法律明确禁止安排、买卖婚姻和其他干涉婚姻自由的行为，以及通过婚姻获得财产的行为。禁止通过婚姻索取财产是指禁止父母为了敛财而强迫女儿结婚的行为。如果女儿不想嫁给男方，但父母收钱强行把女儿嫁过去，不仅违反了法律关于婚姻自愿、自由的规定，更涉嫌拐卖妇女的刑事犯罪。

其实，女方希望跟男方结婚，男方按照习俗给彩礼，这不属于法律上所说的通过婚姻索取财物。所以，只要婚姻自由自愿，彩礼也符合自愿、适度的原则，法律并不会禁止。

在日常生活中，彩礼金额与当地的婚俗、家庭情况、个人的经济实力等方面有关，没有办法设定统一标准。但一定要记住婚姻不是买卖，彩礼的给付要量力而行。婚姻生活幸不幸福主要在于两个人的感情，需要两个人共同维护，人选对了，一切都会有的。

相关法条

《民法典》

第一千零四十二条 【禁止的婚姻家庭行为】

禁止包办、买卖婚姻和其他干涉婚姻自由的行为。禁止借婚姻索取财物。

禁止重婚。禁止有配偶者与他人同居。

禁止家庭暴力。禁止家庭成员间的虐待和遗弃。

第一千零四十六条 【结婚自愿】

结婚应当男女双方完全自愿，禁止任何一方对另一方加以强迫，禁止任何组织或者个人加以干涉。

婚前给的财产都属于彩礼吗

其实，财产的给予方式种类很多，不能完全根据给付时间来确定财产的性质。婚前包括恋爱阶段和同居阶段，恋爱阶段的财产给予可能是赠与，也可能是出借。而同居期间还有可能发生财产混同。但彩礼一定是以结婚为目的的赠与，根据民间的传统习俗，送彩礼的时候还会伴有一定的仪式。

•·● 案例 ●·•

原告孙某（男）与被告王某（女）经媒人介绍相识，并确立恋爱关系。

2018 年 10 月，双方举办订婚家宴，孙某给付王某 1.1 万元订婚钱，给付王某家参加订婚仪式的亲戚 1000 元红包。

订婚仪式前孙某又按照风俗到王某家，给付了彩礼 2 万元，还为王某购买了 2468 元的戒指一枚。

2019 年 1 月 31 日，孙某与王某举行了结婚仪式，婚礼上孙某的父母给付王某 1000 元红包。举办婚礼后二人开始同居生活。2019 年 6 月，王某回娘家居住不返，双方一直未办理结婚登记手续。之后，孙某为追要彩礼诉至法院。

法院经审理认为，原告孙某与被告王某虽然举行了结婚仪式，但未办理结婚登记手续，在订婚、举行婚礼的过程中，孙某共计支付彩礼钱 3.1 万元，考虑到婚礼后，双方实际共同生活过半年之久，且未能办理结婚登记不是王某的初衷，故酌定由被告王某返还原告孙某 2 万元。孙某及其家人给付被告王某及其亲戚的红包、戒指属于赠与，不予返还。

最终判决，被告王某返还原告孙某彩礼 2 万元。

☞ 律师说法

我们通过这个案例可以看出，婚前给的财产不一定都属于彩礼。所以，在双方婚前协商彩礼时，以合理、适当为主，要打消有些人借婚姻索取财物的目的。尤其要对天价彩礼、铺张浪费、低俗婚闹、随礼攀比等不正之风进行大力整治，着力改善社会风气。

对于婚约财产纠纷中返还的数额，主要考虑的因素包括婚姻存续时间长短、是否生育、过错方归责等因素。没有物质的婚姻可能不牢固，但只依靠物质而没有感情的婚姻没有温度，更难以维持。现实中，因为彩礼而导致双方感情破裂的情况，比比皆是。

相关法条

《民法典》

第一千零四十二条 【禁止的婚姻家庭行为】

禁止包办、买卖婚姻和其他干涉婚姻自由的行为。禁止借婚姻索取财物。

禁止重婚。禁止有配偶者与他人同居。

禁止家庭暴力。禁止家庭成员间的虐待和遗弃。

哪些情况下，男方可以要求返还彩礼

严格意义上说，彩礼是一种特殊意义的赠与，不强制要求女方一定回礼。但是，如果女方回礼，男方也不构成不当得利。由于当代人的情感观念和情感关系日渐复杂，也会出现一些男方给予女方彩礼后，双方最终没能步入婚姻殿堂的情况。那么，在哪些特殊情况下，男方可以要回彩礼呢?

••● 案例 ●••

小齐（男）和小倩（女）在工作中相识，相处一段时间后确立了恋爱关系。他们在恋爱一年后决定订婚，举行订婚仪式的当天，小齐家给了小倩 10 万元彩礼。小齐的父母为了让儿媳结婚时可以穿得更漂亮，还给小倩买了几套名牌服装。

第二年春节后，两家人商量举办婚礼，但在婚礼仪式等问题上产生了争议，甚至因此争吵。在此情况下，小倩感觉自己无法跟小齐结婚，并提出了分手。但她不愿返还彩礼，小齐多次索要彩礼和购买衣服的钱未果，于是将小倩告上了法庭。

法院经审理后认为：小齐与小倩自由恋爱并订婚，是基本事实，认定双方交往是以结婚为目的，小齐给小倩的彩礼也是基于以结婚目的的赠与，后因两人原因，小倩不愿结婚，并终止恋爱关系，使得赠与目的无法实现。男方提出返还彩礼是正当的，出于公平原则，应当得到法律的支持。因此，小倩应该予以返还10万元。但小齐父母给小倩购买的衣服，应视为男方父母的自愿赠与，不属于彩礼范畴，可以不予返还。

☞ 律师说法

　　一方以结婚为目的给予另一方财物，一般数额较大，属于附条件的赠与行为。如果条件不成立或条件消失，给付方可请求返还。涉婚赠与行为是附条件的赠与，因此在没跟对方缔结婚姻或离婚的情况下，赠与行为所附条件不复存在，赠与因此不成立。

　　例如，本案中的小齐和小倩，两人因种种原因不能成婚时，小齐要求返还彩礼，法院一般应予支持，这也符合公平的法律理念和民间的风俗习惯。

　　另外，还有两种情况男方可以要求女方返还彩礼。第一种，一方给了对方大量的彩礼，虽然双方办理了结婚登记手续，但没有共同生活就选择了离婚，那么，给付彩礼的一方有权要回彩礼。第二种，虽然双方结婚并一起生活，但是，在一起生活的时间不长，给付彩礼的一方支付彩礼导致其生活困难，如果这种情况下离婚，从公平的角度讲，给付彩礼的一方要求返还彩礼，人民法院也应予以支持。

相关法条

《民法典》

第一百五十八条 【附条件的民事法律行为】

民事法律行为可以附条件，但是根据其性质不得附条件的除外。附生效条件的民事法律行为，自条件成就时生效。附解除条件的民事法律行为，自条件成就时失效。

《民法典婚姻家庭编的解释（一）》

第五条 当事人请求返还按照习俗给付的彩礼的，如果查明属于以下情形，人民法院应当予以支持：

（一）双方未办理结婚登记手续；

（二）双方办理结婚登记手续但确未共同生活；

（三）婚前给付并导致给付人生活困难。

适用前款第二项、第三项的规定，应当以双方离婚为条件。

哪些情况下，女方可以不退回彩礼

由于彩礼的金额普遍很高，一些心怀不轨的人就以结婚的名义，趁机谋取彩礼钱。这种行为十分不妥且阴损，男方遇到类似情况可以要回彩礼钱。但是也有一些情况，女方不返还彩礼钱是受法律保护的，我们要具体问题具体分析。

••• 案例 •••

李明（男）与张丽（女）在工作中相识相恋，两人于 2018年 6 月登记结婚。结婚前，李明送给张丽 18 万元彩礼，婚后，双方常因琐事产生矛盾和冲突。

2019 年 4 月中旬，双方因脾气性格不合，为生活琐事发生争吵致感情逐渐淡漠。李明遂提出离婚，并要求张丽退还 18 万元彩礼。张丽表示，可以离婚，但不退彩礼。两人为此争执不下，最终起诉至法院。

法院判决：李明与张丽系自主婚姻，但因双方婚后未能妥善处理生活中产生的矛盾，致使双方感情破裂，双方均负有一定责任。双方确已登记结婚，并实际共同生活了一段时间，且李明没有举证证明因婚前给付张丽该 18 万元导致其本人或家庭生活困难，故李明要求张丽全额退还彩礼，原则上应不予支持。

但考虑双方婚前交往时间确实不长，未能深入了解对方，婚后虽共同生活一年左右，但时间仍旧尚短，双方没能建立起真正的夫妻感情，结合本地关于彩礼、嫁妆的风俗，从维护社会公平、公正，平衡双方利益角度考量，张丽理应退还部分彩礼。最终，法院综合考虑判决张丽退还李明彩礼 4 万元。

☞ **律师说法**

一般来说，还有几种情况是给付彩礼后不需要返还的。

第一种，男女双方虽然没有办理结婚登记手续，但同居生活两年以上，一般不予返还。因为男女双方缔结婚姻，都是希望长期共同生活。如果双方没有办理结婚登记，而且同居生活时间较短，那么，说明双方订立婚约的目的没有实现，这时候判断彩礼是理应退还的。

第二种，男女双方未办理结婚登记手续，但同居生活期间生育子女。两人关系因生育子女已经更加牢固，因此，这种情况下彩礼一般不再返还。

第三种，男女双方未办理结婚登记手续而同居生活，所接受的彩礼确已用于共同生活。事实上已经与"夫妻"共同财产相混同，也不应当返还。

第四种，在婚约存续期间，婚约当事人死亡。因为男女双方订立婚约后，以未婚夫妻名义交往，在交往过程中，其中一方因病或其他意外事故死亡，也会给对方带来很大的痛苦。这种情况导致的婚约解除不是当事人的意愿，如果再将彩礼予以返还，就有点儿不近人情，也与风俗习惯相违背。

上述情况都是经验总结，在实际案例中，还要看具体情况，再进行分析判断。

相关法条

《民法典婚姻家庭编的解释（一）》

第五条 当事人请求返还按照习俗给付的彩礼的，如果查明属于以下情形，人民法院应当予以支持：

（一）双方未办理结婚登记手续；

（二）双方办理结婚登记手续但确未共同生活；

（三）婚前给付并导致给付人生活困难。

适用前款第二项、第三项的规定，应当以双方离婚为条件。

女方的嫁妆是共同财产吗

按照中国人的传统观念，婚姻不仅仅是两个人的结合，也是两个家庭的结合。其中牵涉的一些婚嫁习俗，包括彩礼和嫁妆，至今也是敏感又不可回避的现实话题，那么，我们就从法律层面了解一下嫁妆的法律意义。

••● 案例 ●••

2019年1月，李某（女）与杨某（男）结婚，两人婚后因性格不合，经常为了生活琐事发生争吵，故李某提出与杨某离婚，并要求杨某返还结婚时父母赠送的嫁妆。杨某表示嫁妆属于夫妻共同财产，不同意全部返还。

☞ 律师说法

关于嫁妆的性质，按照《民法典》以及相关法律规定，女方陪送嫁妆的时间节点非常重要。很多人登记结婚的时间和举办酒席的时间是不一致的，往往先办理结婚登记，再办酒席。要记住，只有登记结婚的时间才具有真正的法律意义。

　　因此，判断嫁妆是女方个人财产还是夫妻共同财产，首先还是看女方父母有没有明确指定赠予对象。

　　如果女方父母明确指定该嫁妆是对夫妻双方的赠与，则属于夫妻共同财产；如果女方父母明确指定该嫁妆是对女方个人的赠与，则属于女方个人财产。

　　其次，如果女方父母没有明确指定赠与对象，则应该看赠与的时间是婚前还是婚后。

　　如果在结婚登记前赠与，那么，该嫁妆一般会被认定为女方父母对于女方个人的赠与，属于女方个人的婚前财产；如果在结婚登记之后赠与，那么，该嫁妆一般会被认定为对夫妻双方的赠与，属于夫妻共同财产。

相关法条

《民法典》

第一千零六十五条 【夫妻约定财产制】

　　男女双方可以约定婚姻关系存续期间所得的财产以及婚前财产归各自所有、共同所有或者部分各自所有、部分共同所有。约定应当采用书面形式。没有约定或者约定不明确的，适用本法第一千零六十二条、第一千零六十三条的规定。

　　夫妻对婚姻关系存续期间所得的财产以及婚前财产的约定，对双方具有法律约束力。

　　夫妻对婚姻关系存续期间所得的财产约定归各自所有，夫或者妻一方对外所负的债务，相对人知道该约定的，以夫或者妻一方的个人财产清偿。

《民法典婚姻家庭编的解释（一）》

第二十九条 当事人结婚前，父母为双方购置房屋出资的，该出资应当认定为对自己子女个人的赠与，但父母明确表示赠与双方的除外。

当事人结婚后，父母为双方购置房屋出资的，依照约定处理；没有约定或者约定不明确的，按照《民法典》第一千零六十二条第一款第四项规定的原则处理。

用彩礼购买的房、车归谁所有

彩礼的用途多种多样，有人会当作婚后小家庭的启动资金，也有人用来采买嫁妆、置办装修，还有一种是买房、买车。如果女方用彩礼钱买了房或买了车，应该归谁所有？

•••● 案例 ●•••

> 张阳（男）与赵越（女）在商量结婚事宜时，赵越要了10万元的彩礼，并想用这笔钱给父母买一套单独的小房产，方便日后照顾。
>
> 但张阳认为，彩礼是自己给赵越的钱，属于夫妻共同财产。如果赵越想用彩礼钱买房，应该加上他的名字。赵越不同意这种看法，认为男方给予女方父母的钱不属于共同财产，而她给父母买房是应该的，不一定非要加上男方的名字。两人互不相让，最后不欢而散。

其实，男方在婚前将彩礼钱交给女方父母后，女方家有权利支配这笔彩礼费。只不过可以分成几种不同的情况：

如果女方父母将彩礼交给女方个人，且女方在婚前购买房产，那么，该房产属于女方的婚前财产。即使之后双方离婚，这套房产也是属于女方的个人财产，并非夫妻共同财产。

如果彩礼钱直接给女方父母，由女方父母支配拥有，也不属于夫妻财产。之后女方使用这笔钱购买房产，则属于父母出资，有可能是借贷关系，也有可能是单方赠与女方一人的财产。

如果女方父母将彩礼钱交给女方，并且女方将彩礼钱带回夫家消费，如果没有明确说明，那么，这笔钱就属于资助夫妻的婚姻生活费。女方使用这笔钱购买房产，这时候该房产属于夫妻共同财产，即无论登记在谁的名下，都属于夫妻共同财产。如果遇上离婚的情况，这套房产也要按照夫妻共同财产进行分割。而不论是婚前购买还是婚后购买的房子，如果两个人一起还贷款，那么，婚后共同还贷款部分及增值部分，应该平分。

相关法条

《民法典》

第一千零六十二条 【夫妻共同财产】

夫妻在婚姻关系存续期间所得的下列财产，为夫妻的共同财产，归夫妻共同所有：

（一）工资、奖金、劳务报酬；

（二）生产、经营、投资的收益；

（三）知识产权的收益；

（四）继承或者受赠的财产，但是本法第一千零六十三条第三项规定的除外；

（五）其他应当归共同所有的财产。

夫妻对共同财产，有平等的处理权。

第一千零六十三条【夫妻个人财产】

下列财产为夫妻一方的个人财产：

（一）一方的婚前财产；

（二）一方因受到人身损害获得的赔偿或者补偿；

（三）遗嘱或者赠与合同中确定只归一方的财产；

（四）一方专用的生活用品；

（五）其他应当归一方的财产。

第二章

婚姻存续中

用法律保护自己的财产和爱

06

生活中的法律常识

发暧昧短信致使夫妻感情破裂违法吗

亲密关系十分复杂，夫妻间的感情更是微妙，其间发生的纠纷剪不断、理还乱。如果遇到另一半婚后给他人发送暧昧短信的情况，能不能算作出轨的证据呢？另外，第三者发送暧昧短信导致夫妻感情破裂是否违法？

答案是，我们要根据具体情况和双方短信的内容再作判断。

•●● 案例 ●●•

李某（女）与邢某（男）结婚初期感情尚可，但随着婚后彼此了解的加深，李某发现邢某为人并不诚实，平时我行我素，对家庭极不负责任。

她还发现家里经常有异性打来的电话，丈夫还跟公司一名女同事关系暧昧。为此，双方发生过争执，最终导致夫妻感情破裂。李某决定到法院起诉离婚。那么，在本案中，这名女同事的行为违法吗？李某可以请求对方赔偿吗？

对于案例中的问题，这名女同事的行为不构成侵权行为，因此李某不能请求赔偿。发送暧昧短信导致他人离婚，只能算是破坏夫妻感情。在《民法典》中，对于因第三者介入导致的离婚案件，并没有明确规定第三者应承担何种法律责任。

法律这么规定，主要出于两方面的考虑：

第一，有些第三者对于另一方有婚姻的事实并不知情，甚至有时第三者也是"受害者"，这种情况下追究他们的责任，不合情理。

第二，一段婚姻关系的维系，更多的是婚姻当事者的义务。婚姻中的矛盾在所难免，婚姻当事人应本着互谅互让的原则，积极调解夫妻关系。

因此，从第三者侵犯配偶权的角度追究其责任，在法律上行不通。当然，还有一种可能的途径，就是第三者侵犯了婚姻中受害方的财产权。比如，出轨方给第三者购买贵重物品、购买房屋等。这时婚姻中的受害方可以用不当得利为由要求第三者返还。

而受害方当事人想要得到法院的支持，应该有足够充分的证据：

1.有证据表明第三者与配偶存在不正当关系；

2.有证据表明第三者占有的财产是配偶出资购买或配偶所有的；

3.该出资属于夫妻共同财产。

回到本案的具体情况，李某可以就丈夫有外遇导致夫妻感情破裂，对邢某提出离婚损害赔偿。因为邢某出轨的行为，对李某的身心造成了巨大伤害，符合"有其他重大过错"的范畴，邢某应给予李某精神损害补偿。

而在民事案件中，根据《民事诉讼法》规定，当事人对自己提出的主张，有责任提供证据。离婚诉讼中提出证据的责任主要由夫妻双方承担。这也提醒大家，在离婚率越来越高的时代，如果发现另一半婚内出轨，一定要掌握对方婚内出轨的相应证据，才能借助法律武器保护自己的利益。仅凭暧昧短信是不够的，还需要收集更多证据。

相关法条

《民法典》

第一千零九十一条 【离婚损害赔偿】

有下列情形之一，导致离婚的，无过错方有权请求损害赔偿：

（一）重婚；

（二）与他人同居；

（三）实施家庭暴力；

（四）虐待、遗弃家庭成员；

（五）有其他重大过错。

《民事诉讼法》

第六十七条 当事人对自己提出的主张，有责任提供证据。

当事人及其诉讼代理人因客观原因不能自行收集的证据，或者人民法院认为审理案件需要的证据，人民法院应当调查收集。

人民法院应当按照法定程序，全面地、客观地审查核实证据。

公婆带孩子，儿子、儿媳应该给报酬吗

现在很多家庭是双职工家庭，夫妻俩生了孩子以后会让父母帮忙照顾，在一些人的传统观念里，老人带孙子天经地义。但随着社会的发展，人们的法律意识在不断地增强，很多人开始强调法律上的权利和义务，那么，在法律上公婆是否有义务带孩子？儿子、儿媳是否该付给父母报酬呢？

••• 案例 •••

50 多岁的张阿姨在一家私企当会计，每月工资 5000 ～ 6000 元。张阿姨的儿子已经结婚，刚生了一个男孩，儿媳提出请她帮忙带孙子，张阿姨愿意带孙子，但提出儿子、儿媳要每个月支付她 5000 元，抵消自己辞职损失的工资。

当她把自己的想法告诉儿子、儿媳后，儿媳特别生气，认为奶奶带孙子不该要钱。但张阿姨听后也不高兴，她认为自己上班有工资，为了照顾孙子辞职就会损失这些收入，而且一个月才要 5000 块钱，比保姆便宜，她认为很合理。

婆媳两人你一言我一语，越吵越激烈。

　　根据法律规定，父母是抚养子女的唯二责任人，只要父母健在，公婆就没有带孙子孙女的法律义务。

　　现实中，很多老人出于对子女的爱，牺牲安逸的晚年生活，自愿帮忙照看孙子。但是，帮忙是情分不是本分。如果条件允许，可以适当地支付报酬。这是对老人劳动付出的尊重，更是对老人孝顺的体现。就算父母不要，子女也要主动给，或在其他方面进行补偿，这样才能保证家庭的和谐。

相关法条

《民法典》

第二十六条 【父母子女之间的法律义务】

父母对未成年子女负有抚养、教育和保护的义务。

成年子女对父母负有赡养、扶助和保护的义务。

第二十七条 【未成年人的监护人】

父母是未成年子女的监护人。

未成年人的父母已经死亡或者没有监护能力的，由下列有监护能力的人按顺序担任监护人：

　　（一）祖父母、外祖父母；

　　（二）兄、姐；

　　（三）其他愿意担任监护人的个人或者组织，但是须经未成年人住所地的居民委员会、村民委员会或者民政部门同意。

第一千零六十七条 【父母的抚养义务和子女的赡养义务】

父母不履行抚养义务的，未成年子女或者不能独立生活的成年子女，有要求父母给付抚养费的权利。

　　成年子女不履行赡养义务的，缺乏劳动能力或者生活困难的父母，有要求成年子女给付赡养费的权利。

　　第一千零七十四条 【祖孙之间的抚养、赡养义务】

　　有负担能力的祖父母、外祖父母，对于父母已经死亡或者父母无力抚养的未成年孙子女、外孙子女，有抚养的义务。

　　有负担能力的孙子女、外孙子女，对于子女已经死亡或者子女无力赡养的祖父母、外祖父母，有赡养的义务。

老公不给老婆看病违法吗

夫妻关系存续期间，如果没有明确的书面约定，夫妻财产是共同拥有的。当妻子没有经济来源，长期在家相夫教子，那她生病时，丈夫应当支付相应的费用。婚姻关系很复杂，会涉及人身关系、财产关系，不仅有法律上的约束，还有道德上的规范。

·•● 案例 ●•·

张某（男）和王某（女）经人介绍相识，恋爱三个月后，双方于 2002 年登记结婚。王某在婚后生育一女，因张某有严重的重男轻女的思想，所以对王某和女儿都有些不管不顾，经常不回家，工资也不用于家庭生活。整个家庭的开支都依靠王某平时打零工赚生活费来尽力维持。

2010 年，王某在干活时因脑出血被送医院救治，抢救回来后还需继续住院治疗，但丈夫张某对王某的病毫不关心，并拒绝支付医疗费。

根据《民法典》规定，丈夫张某对王某具有扶养义务，应为王某支付医疗费用。

其实，不只是男方对女方，女方对男方也是如此。夫妻之间有法定的供养和扶养的义务，该义务基于配偶这种身份关系产生。夫妻之间的互相扶养，不只是义务，也伴随着权利，互相之间平等。

而这种法定义务具有强制性，不能通过约定改变。比如，有人签订过婚内财产协议，相互约定 AA 制，或是各自赚的钱归各自支配，与另一方无关。但类似的约定不会改变夫妻之间的扶养义务，当其中一方患病、丧失劳动能力或者失业没有生活来源等，另一方应履行扶养的义务，支付一定的扶养费。如果一方患病，另一方还应尽到照顾义务，提供相应的治疗费用。

现实中有很多一方抛弃配偶和子女的案例，情节严重的会涉及构成遗弃罪，有可能承担刑事责任。

而家庭成员之间还有可能涉及虐待问题。虐待罪是行为人对共同生活的家庭成员，经常以打骂、冻饿、禁闭、强迫过度劳动、有病不给治疗或其他方法进行摧残、折磨，是情节恶劣的犯罪行为。根据每个案件的不同事实与证据情况，涉及的法律关系也不一样。

相关法条

《民法典》

第一千零五十九条 【夫妻抚养义务】

夫妻有相互扶养的义务。需要扶养的一方，在另一方不履行扶养义务时，有要求其给付扶养费的权利。

第一千零四十二条 【禁止的婚姻家庭行为】

禁止包办、买卖婚姻和其他干涉婚姻自由的行为。禁止借婚姻索取财物。

禁止重婚。禁止有配偶者与他人同居。

禁止家庭暴力。禁止家庭成员间的虐待和遗弃。

第一千零四十三条 【婚姻家庭道德规范】

家庭应当树立优良家风，弘扬家庭美德，重视家庭文明建设。

夫妻应当互相忠实，互相尊重，互相关爱；家庭成员应当敬老爱幼，互相帮助，维护平等、和睦、文明的婚姻家庭关系。

《刑法》

第二百六十一条 【遗弃罪】

对于年老、年幼、患病或者其他没有独立生活能力的人，负有扶养义务而拒绝扶养，情节恶劣的，处五年以下有期徒刑、拘役或者管制。

老公能侵犯妻子的隐私权吗

有的社会新闻中会报道，某人妻子利用针孔摄像机拍摄丈夫的不忠行为，侵犯了他人隐私，或者某人雇用私人侦探，调查妻子是否有外遇，然后因侵犯他人隐私权被告上法庭，等等。这种妻子或丈夫"捉奸取证"的做法，属于正当行使自己的知情权，还是侵害了另一半的隐私权呢？

•••● 案例 ●•••

小王（男）和小赵（女）系夫妻关系，两人于 2018 年 1 月 1 日在民政局登记结婚。婚后，小王因怀疑小赵不忠，便将小赵的通话记录和短信记录打印出来查看，但没想到因此引发了家庭战争。小赵一怒之下，以自己的隐私权受到侵犯为由，将丈夫小王告上了法庭。

法院经审理认为，对于小赵使用的手机号码的用户账单，含语音详单及短信详单，并非《中华人民共和国电信条例》（以下简称《电信条例》）第六十五条所指的"电信内容"，因而不属于公民通信秘密。而小王作为小赵的配偶，在发现小赵反常行为之后有权利知道自己的专属身份权益是否受到了侵犯，且小王在获得信息后也并未传播和扩散，因此，并不构成对小赵隐私权的侵犯。法院最终判决驳回了小赵的诉讼请求。

☞ **律师说法**

　　婚姻虽然是男女双方的结合，但又不是简单的结合。两个不同的个体一起生活，免不了有各种碰撞，其中最敏感的是婚姻中夫妻间的知情权与隐私权。

　　现代社会中，又时常发生第三者介入婚姻的情况，让婚姻关系更加复杂化，夫妻之间相互猜忌，或是想要拿到证据报复对方，然后想方设法打探对方的隐私。夫妻之间具有相互忠实的义务，所以法律保护夫妻一方对另一方出轨等违反公序良俗行为的知情权，但是，为了夫妻关系的稳定，夫妻一方不得毫无根据地随意干涉另一半的个人私事，更不得滥用知情权。单纯因为自身猜忌多疑，便肆意偷看日记、信件，查询通话记录，跟踪拍录，甚至强迫对方公开其隐私等，皆属于不当行为。

相关法条

《民法典》

第一千零三十二条 【隐私权及隐私】

　　自然人享有隐私权。任何组织或者个人不得以刺探、侵扰、泄露、公开等方式侵害他人的隐私权。

隐私是自然人的私人生活安宁和不愿为他人知晓的私密空间、私密活动、私密信息。

　　第一千零三十三条 【侵害隐私权的行为】

　　除法律另有规定或者权利人明确同意外，任何组织或者个人不得实施下列行为：

　　（一）以短信、电话、即时通信工具、电子邮件、传单等方式侵扰他人的私人生活安宁；

　　（二）进入、窥视、拍摄他人的住宅、宾馆房间等私密空间；

　　（三）拍摄、录制、公开、窥视、窃听他人的私密活动；

　　（四）拍摄、窥视他人身体的私密部位；

　　（五）收集、处理他人的私密信息；

　　（六）以其他方式侵害他人的隐私权。

丈夫去世，婆家能赶走妻子吗

天有不测风云，人有旦夕祸福，谁也不知道明天和意外哪一个先来。有人就遇到过丈夫因病去世后，妻子没打算改嫁但被婆家人扫地出门的情况。这种行为是否合法？当事人应该如何维护自己的合法权益？

•••● 案例 ●•••

2008 年，王某（男）与刘某（女）结婚，婚后育有一子小王，一家人生活幸福和睦，但 2011 年，王某发生车祸致残，最终在 2017 年去世。

之后，刘某、儿子小王跟公公王某宝、婆婆董某一起生活。王某去世前，他们所在社区拆迁，按照拆迁标准，一家五口共分得安置房七套及安置款 20 万元，由户主王某宝签字并领取。刘某认为，她和儿子应对丈夫生前的安置房款享有继承权，所以要求分割，但遭到了公婆的拒绝。为此，刘某将公婆告上法庭。

法院经审理认为，王某与刘某系夫妻关系，该社区拆迁所得系夫妻共同财产，且王某去世前没有立遗嘱，因此根据我国《民法典》相关规定，配偶、子女、父母均为第一顺序继承人。刘某、小王及刘某公婆均享有王某的遗产继承权，判决依法分割王某的遗产，刘某和儿子小王最后分得一套房产的居住权。

☞ 律师说法

案例中，公公王某宝、婆婆董某因认为儿媳还年轻，迟早会改嫁，担心家庭财产被对方带走，因此百般阻挠其获得拆迁补偿。

其实，他们原本就是一家人，王某不幸去世已经是一重伤害，双方应该换位思考，相互体谅，别因遗产又造成新的伤害。当然，法律有其明确性，同一顺序继承人继承遗产的份额一般应平均分割。

相关法条

《民法典》

第一千一百二十六条 【继承权男女平等原则】

继承权男女平等。

第一千一百二十七条 【继承人的范围及继承顺序】

遗产按照下列顺序继承：

（一）第一顺序：配偶、子女、父母；

（二）第二顺序：兄弟姐妹、祖父母、外祖父母。

继承开始后，由第一顺序继承人继承，第二顺序继承人不继承；没有第一顺序继承人继承的，由第二顺序继承人继承。

本编所称子女，包括婚生子女、非婚生子女、养子女和有扶养关系的继子女。

　　本编所称父母，包括生父母、养父母和有扶养关系的继父母。

　　本编所称兄弟姐妹，包括同父母的兄弟姐妹、同父异母或者同母异父的兄弟姐妹、养兄弟姐妹、有扶养关系的继兄弟姐妹。

老公夜不归宿，妻子能拿到空床费吗

现代人的生活节奏越来越快，生活压力也越来越大。对很多人来说，常年加班或因出差夜不归宿也成常态。夫妻之间相处时间变少，矛盾也因此增加。有人因丈夫总不归家索要"空床费"，这种约定在法律上是否有效？丈夫是否应该支付这笔费用？

···● 案例 ●···

张丽（女）与吴华（男）是夫妻关系，婚后吴华经常以工作繁忙为由不回家，张丽便与他约定：如果晚上 12 时至凌晨 7 时不回家睡觉，每小时需支付 100 元"空床费"。

吴华长期违约，夫妻双方感情也因此破裂，最终，张丽将吴华诉至法院，请求吴华支付两人之前约定的"空床费"。

一审法院认为，夫妻双方约定的"空床费"属于精神损害赔偿范畴，应予提倡。一审判决后，吴华坚持上诉，二审法院认为"空床费"不属于精神损害赔偿范畴，但约定的"空床费"是赔偿费用，是双方的真实意思表示和有效约定，应予支持。因此吴华应当支付这笔费用。

☞ 律师说法

《民法典》明确规定了离婚时的损害赔偿制度。在这个案件中，张丽出具的"空床费"约定，是吴华没有尽夫妻间的陪伴义务而给张丽的补偿费用。因为"空床费"的目的是约束吴华按时回家，维护正常、和谐的家庭关系。两人的约定没有违反法律规定，属于有效约定，应该得到履行。

我们应该如何理解"空床费"呢？

既然夫妻双方都有忠实义务，那双方可以就违反忠实义务的法律责任作出约定。本案中的"空床费"属于忠诚协议的内容。

而忠诚协议是指男女双方在婚前或婚后自愿达成的，关于夫妻双方在婚姻关系存续期间遵守《民法典》所倡导的夫妻忠诚义务的协议。

忠诚协议在现实中是否具有法律效力，众说纷纭，但现有判例已经承认忠诚协议的法律效力，如财产违约赔偿金。也就是说，夫妻之间约定类似违约金、出轨赔偿金的约定具有法律效力，不违反法律法规禁止性规定、不限制对方人身自由的忠诚协议，法院应予支持。

相关法条

《民法典》

第一千零四十三条 【婚姻家庭道德规范】

家庭应当树立优良家风，弘扬家庭美德，重视家庭文明建设。

夫妻应当互相忠实，互相尊重，互相关爱；家庭成员应当敬老爱幼，互相帮助，维护平等、和睦、文明的婚姻家庭关系。

第一千零九十一条 【离婚损害赔偿】

有下列情形之一，导致离婚的，无过错方有权请求损害赔偿：

（一）重婚；

（二）与他人同居；

（三）实施家庭暴力；

（四）虐待、遗弃家庭成员；

（五）有其他重大过错。

女性结婚，要不要迁户口

户口，是指国家主管户政的行政机关所制作的，用以记载和留存住户人口的基本信息的法律文书。它代表着一个人的人身归属性，也会涉及子女上学、拆迁等利益问题，所以，是否迁户口也成为女性结婚时必然要考虑的一个问题。但是否迁户口全凭个人意愿，国家并没有明确规定女方结婚后必须把户口迁到男方家里。

•••● 案例 ●•••

最近，小欣（女）和小明（男）的关系有些尴尬，原因是她结婚后不愿意把户口迁到小明家。小明认为要求女方在婚后迁出户籍很合理。如果小欣坚持不迁出，就意味着对方不爱自己，不和自己一条心。

但小欣觉得自己已经远嫁他乡，如果再迁出户籍就好像离开了父母，所以，她还是想把户口留在家里，让父母和自己有心理陪伴。刚结婚的两人为了这件事就开始发脾气。

要求女方在结婚后把户口迁到男方家的说法，最早出现在农村。因为有人认为女方出嫁后，就是男方家的人，户籍要迁到男方家。

法律上男女平等，户口可以迁出，也可以不迁出。更没有特别的规定，要求女性结婚后必须把户籍迁到男方家。

☞ 律师说法

女方结婚后迁出或不迁出户口，各有利弊，可按个人需求决定。

我们先来分析一下不迁移户籍的好处：

第一，女方还可以继续享受自己家庭的一些地方政策福利，比如，当地的社区福利、养老等。

第二，孩子上学更灵活，机会更多。因为父母双方的户口地区不同，孩子将来上学，可以选择在其中一方的户口所在地入学。

第三，如果离婚，也不会有户口问题。一旦离婚，迁户籍其实很麻烦，特别是有些男方不想离婚，就不让女方动户籍。如果户口不在一起，离婚时处理起来就简单很多。

那我们再来分析一下迁移户籍的好处：

第一，方便生活。如果所有的生活都在配偶的地方，把户籍迁过来后生活会更方便。比如，一些地方的福利或办理出生证、护照等都跟户口密切相关。

第二，孩子的入学要求。有些地方对子女户籍有明确要求，父母双方的户籍必须在一起。如果当地政府有这样的政策，那结婚时最好提前将户籍迁过来，以免影响孩子上学。

第三，在经济发展方面有利。如果女方所在地的户口政策和她自身的经济发展不如配偶，那迁户口也能帮助其未来发展。

相关法条

《民法典》

第一千零五十条 【男女双方互为家庭成员】

登记结婚后，按照男女双方约定，女方可以成为男方家庭的成员，男方可以成为女方家庭的成员。

妻子被调戏，丈夫怎么办

如果一个男人亲眼看到自己的妻子被别人骚扰，他很可能因为愤怒激动而去殴打对方。这种方式让人觉得解恨，但也有可能因故意伤害而引来牢狱之灾。但如果男人见状不吭声，又会有人觉得他很窝囊，连自己的妻子都保护不好。遇到这种情况，到底该怎么处理呢？

•••● 案例 ●•••

一对夫妻跟朋友在酒吧里消遣，妻子被喝了酒的人骚扰，丈夫发现后跟三四个朋友将骚扰者带至酒吧后门，用啤酒瓶砸了对方头部，致其当场头部流血。丈夫惩戒骚扰者，也是想保护自己的妻子。

法院一审判决，该名打人的丈夫，以故意伤害罪判处有期徒刑一年两个月。

☞ 律师说法

　　一般人认为，骚扰者是始作俑者，让其受点儿皮肉之苦也理所当然。所以，有人看到判决结果后非常同情这位丈夫，他在妻子受欺负时为其"报仇"，有情有义，怎么还要受惩罚？因为法律不支持"以牙还牙，以眼还眼"的复仇理念。如果连法律都支持这种报复思想，那社会很容易充斥着血腥和暴力，社会秩序也会遭到严重破坏。

　　那如何用法律的手段保护自己和妻子呢？

　　第一，如果对方只是言语调戏，没有其他严重的行为，那千万不要用武力解决问题，如果造成人身伤害，会受到刑拘处罚。当前是法治社会，不要意气用事。

　　第二，尽量留下证据，比如用手机录音、拍照。如果情节不严重，可以警告他，必须道歉赔偿。如果情节严重，就果断报警。情节恶劣的，还可以保留证据，依照情节，去法院对其以猥亵罪或强奸罪未遂的罪名予以起诉。

　　第三，看见妻子、女友或者其他家人正被非法侵犯，也可以出手阻止，该出手时就出手，法律允许采取各种必要的防卫措施和保护措施，属于正当防卫。

　　而正当防卫是指对正在进行不法侵害行为的人，而采取的制止不法侵害的行为，对不法侵害人造成损害的属于正当防卫，不用负刑事责任。但一定注意，不能防卫过当，即超出必要的限度故意去打击报复、伤害他人。防卫过当的行为需要承担法律责任。

相关法条

《刑法》

第二十条 【正当防卫】

为了使国家、公共利益、本人或者他人的人身、财产和其他权利免受正在进行的不法侵害，而采取的制止不法侵害的行为，对不法侵害人造成损害的，属于正当防卫，不负刑事责任。

正当防卫明显超过必要限度造成重大损害的，应当负刑事责任，但是应当减轻或者免除处罚。

对正在进行行凶、杀人、抢劫、强奸、绑架以及其他严重危及人身安全的暴力犯罪，采取防卫行为，造成不法侵害人伤亡的，不属于防卫过当，不负刑事责任。

第二百三十四条 【故意伤害罪】

故意伤害他人身体的，处三年以下有期徒刑、拘役或者管制。

犯前款罪，致人重伤的，处三年以上十年以下有期徒刑；致人死亡或者以特别残忍手段致人重伤造成严重残疾的，处十年以上有期徒刑、无期徒刑或者死刑。本法另有规定的，依照规定。

第二百三十七条 【强制猥亵、侮辱罪】

以暴力、胁迫或者其他方法强制猥亵他人或者侮辱妇女的，处五年以下有期徒刑或者拘役。

聚众或者在公共场所当众犯前款罪的，或者有其他恶劣情节的，处五年以上有期徒刑。

猥亵儿童的，依照前两款的规定从重处罚。

丈夫与他人同居生活，构成重婚罪吗

重婚罪的确建立在一方已经办理结婚登记手续的前提下，但并非只要一方婚内出轨或者发生婚外情，就会构成重婚罪。想认定某人构成重婚罪，必须符合我国刑法对此罪名的认定条件。

•••● 案例 ●•••

吴某（女）经人介绍与张某（男）相识后恋爱，不久，两人便到民政部门办理了结婚登记手续。结婚初期，双方感情尚可，但在吴某生育一女后，两人因孩子问题经常发生争吵，夫妻感情逐渐发生裂隙。

之后，张某结识赵某（女），双方产生感情。张某对吴某谎称自己是因工作需要长期出差，但实际上是跟赵某同居。

半年后，张某要求与吴某离婚，吴某才得知张某在外与人同居，她非常愤怒，然后以张某犯重婚罪为由向当地法院提起刑事诉讼。

☞ 律师说法

本案中，张某与吴某为合法夫妻关系。张某虽然在婚姻存续期间与赵某同居生活，但对外并未声称两人是夫妻关系，也未办理婚姻登记手续，依据上述分析，判断其行为性质仅为非法同居，不符合重婚罪的构成要求。因此，对张某不能以重婚罪定罪处刑。由此可见，是否以夫妻名义共同生活，是构成重婚罪的关键。

但不论是重婚还是同居，均直接构成离婚的法定理由，同时，无过错的配偶一方有权提起离婚损害赔偿请求。吴某可以依法寻求保障，申请合理赔偿。

我们先了解一下两种构成重婚的类型：第一，法律上的重婚，即前一段婚姻没有解除，又跟他人办理结婚登记手续而构成的重婚。只要双方办理结婚登记手续，不论双方是否同居、是否举行婚礼，都已构成重婚。第二，事实上的重婚，即前一段婚姻没有解除，又跟他人对外长期以夫妻关系为名同居，虽未办理结婚登记手续，但事实上已构成重婚。

后者提到的"以夫妻名义共同生活"，具体该如何判断？

通常表现为：两人对外以老公、老婆身份介绍，共同参加家庭聚会、亲朋宴请，一方生病另一方以配偶身份签字陪护，女方生孩子时出生证登记男方为父亲等行为，使周边的亲朋或邻里均认为双方是夫妻关系。

需要注意的是，重婚罪不仅要惩罚婚内重婚者，还要惩罚与之重婚的"第三者"。但不知情情况下的"被动第三者"，并不需要承担刑事责任，不构成重婚罪。

相关法条

《民法典》

第一千零四十二条 【禁止的婚姻家庭行为】

禁止包办、买卖婚姻和其他干涉婚姻自由的行为。禁止借婚姻索取财物。

禁止重婚。禁止有配偶者与他人同居。

禁止家庭暴力。禁止家庭成员间的虐待和遗弃。

《刑法》

第二百五十八条 【重婚罪】

有配偶而重婚的，或者明知他人有配偶而与之结婚的，处二年以下有期徒刑或者拘役。

07

婚内出轨，法律怎么处理

出轨方应给予精神赔偿吗

现代社会出轨的人越来越多，有的人是偶尔出轨，有的人是经常出轨，但本质上都一样，没有遵守婚后对另一半的承诺。很多原本幸福的家庭都是因为其中一方出轨出现了裂痕，然后造成了婚姻的最终破裂。那关于这方面，法律上有哪些相关规定呢？

•••● 案例 ●•••

2017年，陈某（男）、陆某（女）登记结婚。婚后夫妻感情尚可，之后双方因家庭琐事产生矛盾，又缺少沟通，导致夫妻感情淡化并产生了隔阂。

2019年，陆某发现陈某经常夜不归宿，起初陆某并不在意，以为陈某只是工作太忙、加班太晚，后来经过调查发现，陈某在此期间认识了其他女性，并跟对方同居了一段时间，陈某承认此事，且不以为耻。因此陆某诉至法院要求与陈某解除婚姻关系，并要求陈某支付精神损害赔偿15000元。

法院经审理认为，依据我国《民法典》相关规定，因一方过错导致离婚的，无过错方有权请求损害赔偿；即使没有重婚或同居的行为，若对方有出轨、通奸、嫖娼、不正当交往等重大过错行为，也能够主张损害赔偿。被告陈某在与原告婚姻关系存续期间，属于与他人有不正当男女关系的行为导致离婚，应该承担相应的民事赔偿责任，应当支持原告提出的损害赔偿请求，即判令双方离婚，被告陈某给付原告陆某精神损害赔偿人民币 15000 元。

☞ 律师说法

那些婚姻中的不忠者，都很难得到另一半的原谅。

往小了说这是失信行为，往大了说这是败坏社会风气，对于另一半更是造成难以弥补的伤害，如果婚后有孩子还会影响子女的健康成长。婚内出轨是法律禁止的行为，因此，如果发现另一半在婚姻存续期间有出轨行为，请求精神损害赔偿会得到法律的支持，这也能彰显法律的公正和道德力量。

相关法条

《民法典》

第一千零九十一条 【离婚损害赔偿】

有下列情形之一，导致离婚的，无过错方有权请求损害赔偿：

（一）重婚；

（二）与他人同居；

（三）实施家庭暴力；

（四）虐待、遗弃家庭成员；

（五）有其他重大过错。

对方出轨应该如何取证

婚姻本应该是神圣的，一旦选择踏入婚姻的殿堂，就应该学会彼此珍惜、彼此尊重，尽可能相守一生。婚姻需要两个人的付出，也需要共同用心经营。生活中总有很多琐碎的事，难免产生摩擦和争执，或许还会发现对方暴露本性。当得知对方出轨后，我们应该如何取证，如何保障自己的合法权益呢？

•••● 案例 ●•••

小微与丈夫周某是校园情侣，毕业后修成正果，婚后育有一个可爱的女儿。只是谁也没想到，他们看似幸福的婚姻实则摇摇欲坠。小微原本非常信任丈夫，但无意中发现周某出轨，她决定离婚，并在此之前收集了丈夫的出轨证据，为争夺孩子的抚养权和离婚赔偿做准备。可能有人疑惑到底该怎么收集证据，哪些证据才真正有价值，以及收集出轨证据的方法有哪些？

律师说法

关于收集伴侣出轨的证据，具体方法有三个，分别是：

第一，对方写保证书或悔过书。

有些人在婚外情被另一方发现的时候，会写下保证书或悔过书，表明自己的决心，希望得到对方的原谅。法院会采信这类保证书或悔过书。

第二，电子邮件、聊天记录。

对方与第三者之间往来的电子邮件、聊天记录。为保证真实性，获取方式可以是录屏后发送到自己的手机，或用对方手机把聊天记录转发到自己手机，在公证处公证后可以作为证据。但因这些内容均在对方手机上，公证取证的难度较大。有时也无法保证真实性，所以，这类婚外情证据一般很难被法院采信。

第三，照片、录音、录像。

值得注意的是所有取得的证据都要合法，例如，当事人在公开场合拍摄的录像可以作为证据使用，如果是偷拍，只有在自己家中拍摄的录像才能作为证据，而在宾馆通过监控录像拍摄，或破门进入他人家中拍摄的内容都不能作为证据使用。如果要聘请"侦探公司"也要注意分寸，确保提供的照片能成为有效证据，避免侵犯他人隐私权，引起更多问题。

相关法条

《最高人民法院关于民事诉讼证据的若干规定》

第十一条 当事人向人民法院提供证据，应当提供原件或者原物。如需自己保存证据原件、原物或者提供原件、原物确有困难的，可以提供经人民法院核对无异的复制件或者复制品。

第十四条 电子数据包括下列信息、电子文件：

（一）网页、博客、微博客等网络平台发布的信息；

（二）手机短信、电子邮件、即时通信、通讯群组等网络应用服务的通信信息；

（三）用户注册信息、身份认证信息、电子交易记录、通信记录、登录日志等信息；

（四）文档、图片、音频、视频、数字证书、计算机程序等电子文件；

（五）其他以数字化形式存储、处理、传输的能够证明案件事实的信息。

第十五条 当事人以视听资料作为证据的，应当提供存储该视听资料的原始载体。

当事人以电子数据作为证据的，应当提供原件。电子数据的制作者制作的与原件一致的副本，或者直接来源于电子数据的打印件或其他可以显示、识别的输出介质，视为电子数据的原件。

夫妻双方签订的"忠诚协议"是否有效

现实生活中，有人为了保证夫妻双方各自的权益，会在婚后签署一份忠诚协议，约定的内容多种多样，但有的有效，有的无效甚至违法。所以，判断忠诚协议的效力，要具体问题具体分析，其中包括双方的真实意图、协议内容以及社会的普遍认知。

••● 案例一 ●••

李先生和黄女士在民政局登记结婚的第二天，签订了一份《婚姻忠诚协议》。协议中规定："在双方未来的生活中，如果一方背叛了另一方，背叛了家庭，那么背叛者将净身出户。"婚后第三年李先生出轨，对家人的劝阻置若罔闻。因此黄女士想和李先生离婚，要求李先生按照之前的约定净身出户。

本案中，关于净身出户条款的履行，很难得到法院的支持。因该条款对违约方有失公平，还有可能使对方陷入困境。法律允许夫妻双方在忠诚协议中约定如何处置自己的财产，比如，就忠实义务的内容和损害赔偿数额作出具体约定。法官会在尊重当事人意愿的前提下，将其作为量化赔偿数额的依据。但是，协议中约定的违约金额要有一定的限制，不能要价过高。

王先生和刘女士结婚时，签订了一份《婚姻忠诚协议》，双方约定，如有一方违反忠诚义务，双方必须离婚，已婚子女由无过错方抚养，过错方将失去抚养权。婚后王先生出轨，刘女士能否要求对方履行这个忠诚协议？

我们可以分析一下，第一，"一方违反忠诚义务，双方必须离婚"的约定，其实违反了《民法典》婚姻自由的基本原则，包括结婚自由、离婚自由和不结婚的自由。婚姻关系不能受合同法约束。第二，离婚并非说明父母一方失去对子女的监护权。抚养权是一项法定权利，不会因离婚而丧失，不能因协议排除。抚养权是根据双方协商、子女意愿、双方经济状况等各种条件确定的，也可以变更。因此该协议侵犯一方人身自由和权利的内容，视为无效。

☞ 律师说法

由上可见，不是所有忠诚协议上的内容都有效。那么，夫妻双方应该如何签订忠诚协议才能获得法院最大限度的支持？

1. 由双方自愿制定并签署，不得胁迫。

2. 协议内容不能限制人身权利，如自由离婚权、子女抚养权。

3. 约定的赔偿金额不得过高；家庭财产的分配也要保障一个人的基本生活，像"净身出户"这样的约定，是很难得到法院支持的。

相关法条

《民法典》

第一千零六十五条 【夫妻约定财产制】

男女双方可以约定婚姻关系存续期间所得的财产以及婚前财产归各自所有、共同所有或者部分各自所有、部分共同所有。约定应当采用书面形式。没有约定或者约定不明确的，适用本法第一千零六十二条、第一千零六十三条的规定。

夫妻对婚姻关系存续期间所得的财产以及婚前财产的约定，对双方具有法律约束力。

夫妻对婚姻关系存续期间所得的财产约定归各自所有，夫或者妻一方对外所负的债务，相对人知道该约定的，以夫或者妻一方的个人财产清偿。

第一千零八十四条 【离婚后子女的抚养】

父母与子女间的关系，不因父母离婚而消除。离婚后，子女无论由父或者母直接抚养，仍是父母双方的子女。

离婚后，父母对于子女仍有抚养、教育、保护的权利和义务。

离婚后，不满两周岁的子女，以由母亲直接抚养为原则。已满两周岁的子女，父母双方对抚养问题协议不成的，由人民法院根据双方的具体情况，按照最有利于未成年子女的原则判决。子女已满八周岁的，应当尊重其真实意愿。

夫妻一方出轨会净身出户吗

　　近几年，中国的离婚率不断上升，很多离婚案件的原因是有人在婚姻中出轨，在类似的离婚案件中，会涉及财产分配。有人认为出轨的一方应该做出补偿，少要一些财产，甚至净身出户。那么，在法律层面上，能否要求婚内出轨的人净身出户呢？

•••● 案例 ●•••

　　2008 年 8 月，小董（女）和小赵（男）相识，两人于 2010 年 9 月登记结婚，婚后生育一女，小家增添了不少欢乐与温情。但好景不长，2018 年 4 月，小董发现小赵跟他人有长期不正当的男女关系，她以双方夫妻关系名存实亡、夫妻感情完全破裂为由向法院起诉要求离婚，并请求法院判决小赵净身出户。那么，小董要求小赵净身出户的诉求能得到法院的支持吗？

☞ 律师说法

现实中，因夫妻一方出轨闹离婚，受到伤害的一方会要求过错方净身出户，而过错方也会因为愧疚答应净身出户。但这并不意味着出轨的一方一定会净身出户。

《民法典》以及《民法典婚姻家庭编的解释（一）》中都没有关于净身出户的规定。就是说，即使一方在婚姻中出轨，另一方最终通过诉讼请求法院判决离婚，也不会判决一方净身出户。

什么情况下会被净身出户？

第一种情况：夫妻婚前签订了《忠诚协议》或《夫妻婚内财产协议》，协议中有关于一方违反忠实义务则净身出户的约定，并且对净身出户的财产内容做了详细的陈述。协议是夫妻双方为了维护婚姻而自愿签订的协议，属于有效协议，因此协议内容对双方均具有约束力。如若一方出轨违反了忠诚协议，则会净身出户。

第二种情况：出轨一方出于愧疚或是为了追求自由主动选择净身出户，或者以净身出户作为离婚条件；双方达成一致，出轨一方就净身出户。否则另一方很难要求其净身出户，即使对方是重婚。当然，净身出户只承认法律上对夫妻共同财产的处理。

相关法条

《民法典》

第一千零九十二条 【一方侵害夫妻财产的处理规则】

夫妻一方隐藏、转移、变卖、毁损、挥霍夫妻共同财产，或者伪造夫妻共同债务企图侵占另一方财产的，在离婚分割夫妻共同财产时，对该方可以少分或者不分。离婚后，另一方发现有上述行为的，可以向人民法院提起诉讼，请求再次分割夫妻共同财产。

婚内对方出轨怎么办

有一首歌里的歌词是，"我能想到最浪漫的事，就是和你一起慢慢变老"。但是，如果有人不愿意再遵守承诺，要提前结束这段缘分也无可奈何。恋爱有分手，婚姻有离散，有些事情无法强求。

•·● 案例 ●·•

2015 年初，张某（男）和王某（女）经人介绍相识，于 2016 年 6 月在民政局办理结婚登记，婚后未生育子女。婚后双方因家庭生活琐事发生矛盾，常年分房生活，夫妻感情日益淡薄，且婚后无夫妻共同财产。

王某于 2017 年 1 月搬离男女双方共同生活的房屋。在分居生活期间，张某与其他女性保持不正当的男女关系。张某为无业人员，月收入为一千余元。现王某要求解除男女双方的婚姻关系，并要求张某支付精神损害赔偿金 10000 元。

法院经审理认为：婚姻关系的存续应以夫妻感情为基础，在婚姻关系存续期间，夫妻双方分居生活时间较久，并且双方都同意离婚，应当认定原被告之间的夫妻感情已无和好可能。因此，判令男女双方的婚姻关系予以解除。张某在婚姻存续期间存在过错，酌情判令张某向王某支付离婚损害赔偿金 5000 元。

☞ 律师说法

婚姻是以感情为基础的，夫妻之间应当互相忠实、互相尊重，以维护平等、和睦、文明的婚姻家庭关系。本案中，王某以张某存在对婚姻不忠实的行为为由，起诉离婚，并请求损害赔偿，应当依法予以支持。但在具体数额的确定上，考虑到张某的过错程度、表现、当地的生活水平以及双方的收入情况等因素，法院给出了合理的判令。

相关法条

《民法典》

第一千零八十七条 【离婚时夫妻共同财产的处理】

离婚时，夫妻的共同财产由双方协议处理；协议不成的，由人民法院根据财产的具体情况，按照照顾子女、女方和无过错方权益的原则判决。

对夫或者妻在家庭土地承包经营中享有的权益等，应当依法予以保护。

第一千零九十一条【离婚损害赔偿】

有下列情形之一，导致离婚的，无过错方有权请求损害赔偿：

　　（一）重婚；

　　（二）与他人同居；

　　（三）实施家庭暴力；

　　（四）虐待、遗弃家庭成员；

　　（五）有其他重大过错。

如何查找丈夫给第三者的财产

　　俗话说，男人有钱就变坏。有些男人可以熬过清贫的日子，却经不起金钱、地位的考验，一旦有了钱，就可能做一些对不起妻子的事，给第三者送礼物，甚至买车、买房等。如果遇到此类情况应该如何处理？

·•● 案例 ●•·

　　王某（女）与谢某（男）于 2018 年 10 月 3 日登记结婚，系合法夫妻关系。婚后生育二子一女，家庭经济由谢某掌管。

　　婚后王某发现，谢某与张某发生婚外情。她通过各种方式寻找谢某的转账记录后，查明谢某背着自己，出资 100 万元为张某购得商品房一套，该商品房登记在张某名下。王某认为，夫妻在婚姻存续期间合法所得的财产属法定的夫妻共同财产，应受法律保护。谢某与张某的行为，违反了公序良俗，且严重损害了王某的财产权益，谢某擅自将夫妻共同财产赠与张某的赠与行为应属无效，张某应当予以全部返还。

故王某向法院提起诉讼，请求确认谢某将夫妻共同财产赠与张某的赠与行为无效，由张某返还王某人民币 100 万元。

　　法院经审理认为：涉案金额是夫妻共同财产，数额巨大，应由双方共同协商处理，任何一方都无权单独处分。谢某私自将其赠与他人，其行为损害了王某的合法权益，应认定其赠与无效，王某有权要求全部返还。

☞ 律师说法

　　上述案例的法律关系非常明确，但可能大家更关心的是，妻子如何查找丈夫给第三者的财产。

　　第一，要及时掌握对方的转账记录和大额不正当消费，第一时间掌握证据，例如银行流水、发票等。

　　第二，如果对方的出轨行为造成了婚姻中的感情破裂，可以起诉离婚，在离婚的过程中查明对方的银行流水、微信转账、支付宝的转账明细。通过这些明细找到丈夫转给第三者的凭证记录。

　　第三，如果你可以确定丈夫给了第三者很多财产，并且有基本的证据能够证明这个事实，但对丈夫的银行账号一无所知，也不清楚具体数额。这种情况下可以先向法院申请财产保全，在保全的过程中通过法院调查到丈夫的银行账号，再申请调取银行流水明细。

相关法条

《民法典》

第三百一十一条 【善意取得】

无处分权人将不动产或者动产转让给受让人的，所有权人有权追回；除法律另有规定外，符合下列情形的，受让人取得该不动产或者动产的所有权：

（一）受让人受让该不动产或者动产时是善意；

（二）以合理的价格转让；

（三）转让的不动产或者动产依照法律规定应当登记的已经登记，不需要登记的已经交付给受让人。

受让人依据前款规定取得不动产或者动产的所有权的，原所有权人有权向无处分权人请求损害赔偿。

当事人善意取得其他物权的，参照适用前两款规定。

第三者应当承担哪些法律责任

法律上并没有"小三"这个名词，我们日常生活中所称的"小三"，是法律上的"第三者"。如果第三者存在过错，在法律上应该承担的责任主要根据过错性质划分，包括三个方面：财产返还、重婚罪、损害赔偿。

•••● 案例 ●•••

赵某（女）与王某（男）系夫妻关系，李某（女）与原告夫妇均系同村村民。2016 年，王某和李某产生了不正当男女关系，且在外市开始同居并以夫妻名义相称，周围的朋友也认为王某和李某是夫妻关系。在此期间，王某还多次赠给李某钱款。后来，赵某发现了两人的行为，她跑去跟第三者李某争论，双方发生争执，李某将赵某打伤，经鉴定，赵某构成了轻伤一级。

☞ 律师说法

上述案例中，李某作为第三者应该承担什么法律责任？

第一，李某明知王某有家室，仍然与其同居并以夫妻名义相称，李某已构成重婚罪。当然，王某也构成重婚罪。李某和王某应当负重婚罪的刑事责任。如果是因王某过错导致其和赵某的夫妻感情破裂，王某还应当给予赵某精神损害赔偿。

第二，李某将王某的妻子打成轻伤，构成故意伤害罪，应当承担刑事责任和民事赔偿责任。

第三，王某未经妻子赵某同意将夫妻共同财产赠与李某，侵犯了赵某的夫妻共同财产权利，李某应当返还财产。

相关法条

《民法典》

第六百六十三条【赠与人的法定撤销情形及撤销权行使期间】

受赠人有下列情形之一的，赠与人可以撤销赠与：

（一）严重侵害赠与人或者赠与人近亲属的合法权益；

（二）对赠与人有扶养义务而不履行；

（三）不履行赠与合同约定的义务。

赠与人的撤销权，自知道或者应当知道撤销事由之日起一年内行使。

第一千零六十二条【夫妻共同财产】

夫妻在婚姻关系存续期间所得的下列财产，为夫妻的共同财产，归夫妻共同所有：

（一）工资、奖金、劳务报酬；

（二）生产、经营、投资的收益；

（三）知识产权的收益；

（四）继承或者受赠的财产，但是本法第一千零六十三条第三项规定的除外；

（五）其他应当归共同所有的财产。夫妻对共同财产有平等的处理权。

夫妻对共同财产，有平等的处理权。

《刑法》

第二百三十四条 【故意伤害罪】

故意伤害他人身体的，处三年以下有期徒刑、拘役或者管制。

犯前款罪，致人重伤的，处三年以上十年以下有期徒刑；致人死亡或者以特别残忍手段致人重伤造成严重残疾的，处十年以上有期徒刑、无期徒刑或者死刑。本法另有规定的，依照规定。

第二百五十八条 有配偶而重婚的，或者明知他人有配偶而与之结婚的，处二年以下有期徒刑或者拘役。

丈夫的保证书有法律效力吗

夫妻关系存续期间，一方所写的保证书是否有效，主要看具体的内容。严格意义上说，保证书类似于《夫妻忠诚协议》或《婚内财产协议》。我们可以根据具体案例来了解保证书的法律效力。

•••● 案例 ●•••

2016 年 5 月，刘先生与柳女士结婚。第二年，两人以按揭方式购买了一套房产，产权人登记为柳女士，夫妻俩一起承担贷款，在婚后育有一女。2018 年 1 月，柳女士发现刘先生与另一名女子同居，刘先生承认此事。柳女士开始与刘先生商谈离婚事宜。

刘先生不愿离婚，并当着柳女士和家人的面，写下一纸保证书，主要内容为：如果以后再出轨，自己的婚前财产和夫妻共同财产全归女方所有，并列明了财产情况，同时保证如果因自己出轨造成离婚，孩子的抚养权也归女方。

半年后，刘先生和第三者旧情复燃，婚外同居。2019 年 5 月，柳女士向法院提交诉状，请求法院判决他们离婚，并要求取得婚前婚后全部财产，同时提供了刘先生所写的保证书，以此佐证支持自己的诉求。刘先生认为自己的婚前财产是父母购买后赠给自己的，不同意给柳女士。

法院审理认为，刘先生向柳女士所写的保证书中，明确表示如违反夫妻忠诚义务自愿放弃婚姻期间的全部财产，将归女方所有。这种意思是刘先生的真实表示，合法有效。

但是刘先生将婚前房产给予女方的约定属于赠与行为，因为没有公证也没有实际交付，刘先生有权利随时撤销。

☞ 律师说法

人们在保证书中，主要有精神和物质两个方面的内容，是否具有法律效力，要看财产等物质约定的情形。

本案中，柳女士没有对男方实施欺诈或胁迫等行为，也没有引导男方做出错误的意思表示。因此，这份保证书可以作为另一方主张感情破裂和对方存在过错时的直接证据，在离婚诉讼中具有重要的证明效力。

不过，保证书不是法律万能书，在离婚案件中的财产分割等方面，保证书具备充足的证据效力。

相关法条

《民法典》

第六百五十七条 【赠与合同的概念】

赠与合同是赠与人将自己的财产无偿给予受赠人，受赠人表示接受赠与的合同。

第六百五十八条 【赠与的任意撤销及规则】

赠与人在赠与财产的权利转移之前可以撤销赠与。

经过公证的赠与合同或者依法不得撤销的具有救灾、扶贫、助残等公益、道德义务性质的赠与合同，不适用前款规定。

第一千零六十五条 【夫妻约定财产制】

男女双方可以约定婚姻关系存续期间所得的财产以及婚前财产归各自所有、共同所有或者部分各自所有、部分共同所有。约定应当采用书面形式。没有约定或者约定不明确的，适用本法第一千零六十二条、第一千零六十三条的规定。

夫妻对婚姻关系存续期间所得的财产以及婚前财产的约定，对双方具有法律约束力。

夫妻对婚姻关系存续期间所得的财产约定归各自所有，夫或者妻一方对外所负的债务，相对人知道该约定的，以夫或者妻一方的个人财产清偿。

丈夫给情人送房送车，女方如何要回

我们在前面提到过，有些已婚人士为取悦第三者，可能会给对方买房买车。他们这样做是否合法？如果因此导致夫妻感情破裂，两人因此离婚，妻子该如何通过法律维护自己的合法权益？

••• 案例 •••

张某（女）与陈某（男）是夫妻关系，陈某在其婚姻存续期间先后给情人刘某现金 20 万元，用于购买汽车，后又赠给刘某一套房产，并将房屋产权登记在刘某名下。张某发现丈夫出轨后，一纸诉状将陈某和刘某告上法庭，要求撤销陈某的赠与行为，并要求刘某返还其 20 万元及房产。

法院认为，夫妻对共同财产享有平等的处理权，但这不是说夫妻各自对共同财产享有一半的处分权。只有在他们的婚姻关系终止时，才可对共同财产进行分割，确定各自份额。

因此，夫妻一方擅自将共同财产赠与他人的赠与行为应为全部无效，而非部分无效。所以，本案中陈某赠与刘某财产的行为无效，可以要求刘某返还购买汽车的款项 20 万元以及房产。

在司法实践中，妻子可以用所有权人名义直接要求第三者返还财产，根据《民法典》的规定，这属于物上请求权的一种，可以作为提起诉讼的理由。因为在婚姻存续期间，夫妻双方的共同财产不是夫妻一人一半，而是作为一个整体存在。丈夫私自处分财产时，构成无权处分，侵犯了妻子的财产权，妻子可以要求全部返还。但究竟是返还原物还是返还相应的款项，司法实践中的审判结果并不相同。

一般分为两种情况：第一种，如果给第三者钱款让其购房、购车等且登记在第三者名下，赠与行为被确认无效后，第三者应当返还相应的钱款；第二种，如果是把原来登记在自己名下的房屋、车辆等变更登记为第三者，第三者应返还原房屋或车辆等。

相关法条

《民法典》

第一百五十三条 【违反强制性规定及违背公序良俗的民事法律行为的效力】

违背法律、行政法规的强制性规定的民事法律行为无效。但是，该强制性规定不导致该民事法律行为无效的除外。

违背公序良俗的民事法律行为无效。

丈夫私下给别人买房，妻子如何维权

在婚姻家庭的经济掌控中，女性常常处于弱势地位。很多女性为了婚后更好地照顾家庭和孩子，放弃工作，成为全职太太。而夫妻在婚后买房时，由于女方没有固定收入，无法向银行申请贷款等原因，因此房产会登记在男方名下。一旦婚姻出现问题，此类操作就会存在一定的风险，女性很可能无法分割到应有的财产。

•••● 案例 ●•••

2008 年，林先生与王女士结婚，二人婚后育有一子。2010 年，林先生出轨，第三者是杨某。2013 年，林先生在上海购置房产，和妻儿一起搬到上海居住。杨某也紧随其后来到上海，并为林先生生育了一子一女。

2016 年 3 月起，林先生离家和杨某同住。王女士决定和丈夫离婚，但她发现，早在 2014 年 9 月，林先生就从账户中划走 630 万元，为杨某购置了一套房屋。现在，林先生作为代理人出售了杨某的该套房产。

王女士向法院提起离婚诉讼，几次开庭林先生都未出庭应诉。王女士为了维护自身权益，以分割婚内财产为由请求另行提起诉讼，要求对林先生名下的987万元银行存款进行分割。

　　法院经过审理认为，林先生没有征得妻子的同意，就把巨额资金转给案外人，又不能提供合理的转账用途，可推定为恶意转移财产或挥霍财产。对于王女士分割夫妻共同财产的请求，法院予以支持。

　　此外，本案虽非离婚诉讼，但林先生的行为已造成夫妻共同财产的明显减损，具有过错，因此在分割夫妻共同财产时，酌情判给王女士较多份额。

☞ **律师说法**

　　为了防范离婚中的风险，保全自身经济利益，我们应该如何防范另一半转移共同财产呢？

　　具体做法是：第一，对婚前、婚后财产进行公证，财产公证是对夫妻婚姻关系存续期间财产归属的确定，公证了的财产，对方是很难在离婚前转移的。第二，双方对财产进行约定时，不仅要约定婚前财产，建议对婚姻关系存续期间的财产归属和管理分配也进行约定。第三，对于购置高档物品后要登记造册、复写购物票据，并保存好这些材料。第四，对家庭大宗财产要进行拍照、列表，并有意识地寻找证人等。

相关法条

《民法典》

第一千零九十二条 【一方侵害夫妻财产的处理规则】

　　夫妻一方隐藏、转移、变卖、毁损、挥霍夫妻共同财产，或者伪造夫妻共同债务企图侵占另一方财产的，在离婚分割夫妻共同财产时，对该方可以少分或者不分。离婚后，另一方发现有上述行为的，可以向人民法院提起诉讼，请求再次分割夫妻共同财产。

08

遭遇家暴，如何用法律保护自己

被家暴但对方不想离婚怎么办

家庭暴力的伤害性极大，表面上是让受害者身体受伤，实际上，不管身体还是精神都备加痛苦，严重时还会损害一个人的人格尊严。而施暴者多半难以纠正，无法控制自己的行为和情绪，存在性格缺陷，即便保证不再对受害人施加暴力，最终还是会无法控制自己，一而再、再而三地重犯。所以，一旦发生家庭暴力，最好选择结束婚姻，离开对方。就算对方不想离婚，也可以拿起法律武器，维护自身的合法权益。

••• **案例** •••

王某（女）与李某（男）2010 年登记结婚，婚后共同生育一子。李某性格暴戾，在婚姻关系存续期间多次对王某实施家庭暴力，为阻止王某报警，李某多次将王某关在家里，限制其人身自由，并威胁王某若敢把事情闹大就会伤害王某的父母、兄弟。

2014 年初，双方因家庭琐事发生激烈矛盾后，王某趁李某外出时选择逃离，双方正式分居。2016 年春节前，李某得知王某的联系方式后，表示愿意与王某解除婚姻关系，哄骗对方回家办理离婚登记。当王某回家后，李某寻求复合未果，双方发生争执，李某再次对王某实施家庭暴力，并收走王某手机，将其锁在家中，随后儿子报警将王某从家中救出送至医院治疗。

2016 年 7 月，王某到法院起诉要求离婚，同时向法院提供了李某对其实施家暴的录音和医院诊断证明。

法院经审理认为，由于双方性格差异过大，矛盾过多，夫妻感情确已破裂，判决准予离婚。

☞ 律师说法

大家都知道有两种离婚方式，分别是协议离婚和诉讼离婚。如果施暴方不想离婚，被害人可以选择诉讼离婚。不过，这需要受害人积极搜集证据。

第一种，证人证言。在发生家庭暴力时，有可能被其他人员目睹，像小区的保安、自己的父母或是保姆、邻居等。如果有人亲眼看到了家暴情况，可以与他们沟通，并委托律师以调查笔录的方式向证人进行取证，并使用录音取证这种方式。

第二种，警方的出警记录。在遭遇家暴时，别忘记报警，一方面警方能及时帮助受害人，免遭暴力；另一方面警方对于处理家庭暴力有一整套法定的程序，通常会在派出所对施暴者和受害人分别进行问话，并制作笔录，可以保留证据。

第三种，遭受家庭暴力后要及时到医院就诊，因为医院的诊断证明和治疗的凭据也可以作为家庭暴力的证据。总之，被家暴者一定要注意及时报警和取证，保护自己，也能在寻求法律保护的时候有依据，得以维护自身合法权益。

相关法条

《民法典》

第一千零七十九条 【诉讼离婚】

夫妻一方要求离婚的，可以由有关组织进行调解或者直接向人民法院提起离婚诉讼。

人民法院审理离婚案件，应当进行调解；如果感情确已破裂，调解无效的，应当准予离婚。

有下列情形之一，调解无效的，应当准予离婚：

（一）重婚或者与他人同居；

（二）实施家庭暴力或者虐待、遗弃家庭成员；

（三）有赌博、吸毒等恶习屡教不改；

（四）因感情不和分居满二年；

（五）其他导致夫妻感情破裂的情形。

一方被宣告失踪，另一方提起离婚诉讼的，应当准予离婚。

经人民法院判决不准离婚后，双方又分居满一年，一方再次提起离婚诉讼的，应当准予离婚。

家暴时反抗属于正当防卫吗

曾有很多家庭暴力案件引起全社会的震惊与愤怒，引起社会大众关注并坚决抵制家庭暴力。现实中，也有一些人在遇到家庭暴力时勇敢地站起来反抗，只是这种防卫行为有时会失去控制，甚至走上以暴制暴的歧路，结局更令人唏嘘。因此，2015年最高人民法院、最高人民检察院、公安部、司法部联合发布了《关于依法办理家庭暴力犯罪案件的意见》，从基本原则、案件受理、定罪处罚、其他措施等四个方面，对依法办理家庭暴力案件提出指导意见。

•·● 案例 ●·•

小娟（女）与小阳（男）结婚以后，小娟及其父母经常受到小阳的殴打、虐待。为阻止小阳的暴力行为，小娟多次请求亲朋好友进行劝说，并多次报警、向妇联反映情况、向司法机关诉讼离婚，但都没有效果。

一次，小阳因向小娟及其父母索要5万元而发生争吵，在小娟父母对小阳进行劝导时，小阳将小娟母亲拉扯至院子里并将其推倒，拿出弹簧刀进行威胁，小娟见状上前劝阻，也被小阳打倒在地。倒地后，小娟拿起水果刀向小阳背部连刺三刀，致其重伤二级。

案发后，小娟取得了小阳的谅解，以求得法院免予刑事处罚的判决。法院经审理后认为，小娟的行为属于正当防卫，因此判定无罪。

☞ 律师说法

家庭暴力是一个现实问题，也是一个历史问题。很多人觉得家长打孩子、丈夫打妻子，是理所当然的事，实际上以上的行为已经侵犯了受害人的合法权益。因此，正当防卫这个法律概念就是保障公民在受到不法侵害时制止不法侵害的行为，此时对不法侵害人造成损害的行为属于正当防卫，不负刑事责任。

但这种反抗是正面反抗，不能采取突然袭击，剥夺施暴人的生命，如果是此类情况，就是故意杀人或者故意伤害致人死亡，不属于正当防卫。

在家暴案件中，防卫人要达成正当防卫，需要满足的条件较高。《关于依法适用正当防卫制度的指导意见》显示，正当防卫主要需要满足以下条件：

第一，准确把握正当防卫的起因条件。正当防卫的前提是存在不法侵害，施暴者正在伤害防卫人，或已经伤害了防卫人。

第二，准确把握正当防卫的时间条件。正当防卫必须是针对正在进行的不法侵害。不能在一方还没动手或者已经打完了才还手防卫，这两种情况不属于正当防卫。

第三，准确把握正当防卫的对象条件。正当防卫必须针对不法侵害人进行。

第四，准确把握正当防卫的意图条件。正当防卫必须是为了使国家、公共利益、本人或者他人的人身、财产和其他权利免受不法侵害。

第五，准确把握正当防卫的限度条件。正当防卫不能超越一定限度、力度和程度，不能对方打了一巴掌，防卫人反击时把对方的腿打折了。

相关法条

《刑法》

第二十条 【正当防卫】

为了使国家、公共利益、本人或者他人的人身、财产和其他权利免受正在进行的不法侵害，而采取的制止不法侵害的行为，对不法侵害人造成损害的，属于正当防卫，不负刑事责任。

正当防卫明显超过必要限度造成重大损害的，应当负刑事责任，但是应当减轻或者免除处罚。

对正在进行行凶、杀人、抢劫、强奸、绑架以及其他严重危及人身安全的暴力犯罪，采取防卫行为，造成不法侵害人伤亡的，不属于防卫过当，不负刑事责任。

第二百三十二条 【故意杀人罪】

故意杀人的，处死刑、无期徒刑或者十年以上有期徒刑；情节较轻的，处三年以上十年以下有期徒刑。

第二百三十三条 【过失致人死亡罪】

过失致人死亡的，处三年以上七年以下有期徒刑；情节较轻的，处三年以下有期徒刑。本法另有规定的，依照规定。

《关于依法办理家庭暴力犯罪案件的意见》

第十九条 准确认定对家庭暴力的正当防卫。为了使本人或者他人的人身权利免受不法侵害，对正在进行的家庭暴力采取制止行为，只要符合刑法规定的条件，就应当依法认定为正当防卫，不负刑事责任。防卫行为造成施暴人重伤、死亡，且明显超过必要限度，属于防卫过当，应当负刑事责任，但是应当减轻或者免除处罚。

认定防卫行为是否"明显超过必要限度"，应当以足以制止并使防卫人免受家庭暴力不法侵害的需要为标准，根据施暴人正在实施家庭暴力的严重程度、手段的残忍程度，防卫人所处的环境、面临的危险程度、采取的制止暴力的手段、造成施暴人重大损害的程度，以及既往家庭暴力的严重程度等进行综合判断。

家庭暴力和虐待有什么区别

在前面我们了解了什么是家庭暴力，现在明确一下虐待罪的定义："虐待罪是指经常以打骂、禁闭、捆绑、冻饿、有病不给治疗、强迫过度体力劳动等方式，对共同生活的家庭成员实施肉体上、精神上的摧残、折磨，情节恶劣，从而构成的犯罪。"因此，经常性的家暴属于虐待，家庭暴力和虐待行为不仅侵害了每个家庭成员自身的权益，也严重阻碍人类社会文明的进步和发展，应该坚决被制止。

••● 案例 ●••

因丁某（男）与于某（女）结婚，且丁某常年在外地工作，被害人小田（女，11 岁）一直与继母于某共同生活。于某以小田学习及生活习惯有问题为由，长期、多次对其实施殴打。2017 年 11 月 21 日，于某又因小田咬手指甲等问题，用衣服撑架、挠痒工具等对其实施殴打，致小田离家出走。

小田被找回后，经鉴定，其头部、四肢等多处软组织挫伤，身体损伤程度达到轻微伤等级。通过调查发现，继母于某存在长期、多次殴打小田的行为，属于情节恶劣，其行为涉嫌构成虐待罪。公安机关做出立案决定。

法庭经审理，做出一审判决，认定被告人于某犯虐待罪，判处有期徒刑六个月，缓刑一年。

☞ 律师说法

按照《反家庭暴力法》第二条的规定，家庭暴力是指家庭成员之间以殴打、捆绑、残害、限制人身自由以及经常性谩骂、恐吓等方式实施的身体、精神等侵害行为。而持续性、经常性的家庭暴力，则构成虐待。所以说，一次性的殴打行为会构成家庭暴力，但不一定能构成虐待，虐待的特征是具有连续性、长期性。

家庭暴力和虐待行为表面看起来相似，但从法律的规定和后果来看，虐待对家庭成员的危害程度要比一般的家庭暴力更严重。家庭暴力通常具有间断性、偶发性，而经常性的家暴才构成虐待。

相关法条

《刑法》

第二百六十条 【虐待罪】

虐待家庭成员，情节恶劣的，处二年以下有期徒刑、拘役或者管制。

犯前款罪，致使被害人重伤、死亡的，处二年以上七年以下有期徒刑。

第一款罪，上诉的才处理。

《反家庭暴力法》

第二条 本法所称家庭暴力，是指家庭成员之间以殴打、捆绑、残害、限制人身自由以及经常性谩骂、恐吓等方式实施的身体、精神等侵害行为。

《民法典婚姻家庭编的解释（一）》

第一条 持续性、经常性的家庭暴力，可以认定为《民法典》第一千零四十二条、第一千零七十九条、第一千零九十一条所称的"虐待"。

实施家暴的法律后果是什么

很大一部分人受传统思想的影响，还存在男尊女卑的想法，认为在家庭当中，男性的地位高于女性，也误以为打老婆、打孩子只是家事，不会触犯法律。实际上，实施家暴就是违反法律的行为。那么，一个人实施了家庭暴力，应当负有哪些法律责任呢？

•●● 案例 ●•●

陈某（女）与段某（男）系夫妻关系。双方婚后因工作原因分居，仅在周末、假日共同居住生活，结婚初期感情一般。段某经常因为日常琐事责骂陈某，两人因言语不和会发生争吵，撕扯中互有击打行为。2019 年 11 月 9 日，双方因琐事再次发生争吵、厮打，陈某在遭段某拳打脚踢后报警。

经公安分局出警处理，决定给予段某拘留 10 日，并处罚款500 元的行政处罚。

☞ 律师说法

　　除了上述案例中所说的治安处罚，实施家庭暴力的人还需要承担哪些法律责任？

　　第一，婚姻风险，如果因为一方实施家庭暴力，造成夫妻感情破裂的，另一方可以根据我国法律规定，请求法院解除双方婚姻关系。第二，民事损害赔偿，因实施家庭暴力导致夫妻感情破裂的，受害方还可以要求家庭暴力实施者承担离婚损害赔偿的民事责任。第三，刑事犯罪风险，构成犯罪的，依法追究刑事责任。第四，严重的家庭暴力可能会构成刑法上的虐待罪、侮辱罪、暴力干涉婚姻自由罪、故意伤害罪、故意杀人罪等。

　　我们在前面也强调过，家暴会对受害者的身体和心灵造成严重的伤害，因为施暴者反复施暴，是对受害者的人格尊严、生命健康、人身自由等进行摧残和践踏，受害者一定要积极维权，不要让施暴者逍遥法外。

相关法条

《治安管理处罚法》

　　第四十三条 殴打他人的，或者故意伤害他人身体的，处五日以上十日以下拘留，并处二百元以上五百元以下罚款；情节较轻的，处五日以下拘留或者五百元以下罚款。

　　有下列情形之一的，处十日以上十五日以下拘留，并处五百元以上一千元以下罚款：

　　（一）结伙殴打、伤害他人的；

　　（二）殴打、伤害残疾人、孕妇、不满十四周岁的人或者六十周岁以上的人的；

（三）多次殴打、伤害他人或者一次殴打、伤害多人的。

《反家庭暴力法》

第三十三条 加害人实施家庭暴力，构成违反治安管理行为的，依法给予治安管理处罚；构成犯罪的，依法追究刑事责任。

《刑法》

第二百三十四条 【故意伤害罪】

故意伤害他人身体的，处三年以下有期徒刑、拘役或者管制。

犯前款罪、致人重伤的，处三年以上十年以下有期徒刑；致人死亡或者以特别残忍手段致人重伤造成严重残疾的，处十年以上有期徒刑、无期徒刑或者死刑。本法另有规定的，依照规定。

小孩被家暴怎么办

完整、和谐的家庭环境对未成年人的健康成长尤为重要。俗话说"虎毒不食子",但生活中我们也会见到一些家长打骂孩子的情况,因为有人认为"棍棒底下出孝子",自己打骂孩子,只是在帮助孩子成才,殊不知这种行为已经触犯了法律。

•••● 案例 ●•••

2015年1月,褚某(男)与袁某(女)再婚后,褚某经常因家庭琐事多次殴打女儿小花,致其头部、面部、躯干、四肢多处受伤。袁某系小花继母,并未对此行为多加制止。2016年3月14日,早晨7点多,小花不小心尿湿了裤子,褚某很生气,用左脚狠狠地踢了一脚小花的胸部。当天小花多次和褚某说肚子疼,但对方并没有在意。直到晚上,褚某终于发现了女儿不对劲,立刻送小花去医院救治,但为时已晚,小花最终经抢救无效,被宣布死亡。褚某与袁某到派出所报警称自己打死了女儿。

之后经法院审理,一审判决为,褚某被判无期徒刑,袁某被判两年有期徒刑。

对于身心正处于生长期的未成年人，我们必须予以充分的关心和呵护。为了防止家暴，不论是周边的邻里朋友，还是孩子自己，应该采取什么样的保护措施？

1. 共青团、妇联、村委会、居委会都是家庭暴力的管理机构，他们得到信息后有义务提供帮助。

2. 向学校、单位反映。对于轻微的家暴行为，学校、单位可以通过约谈等方式，进行劝导和告诫；如果是严重的家暴行为，学校和单位也有义务向有关部门报告。

3. 直接拨打 110 报警。公安人员会迅速到达，制止家长的施暴行为。同时采取相关措施，对未成年人进行妥善处理。

4. 向民政部门寻求庇护。未成年人因遭受家庭暴力，身体受到严重伤害、面临人身安全威胁或者处于无人照料等危险状态的，可以到安置站寻求救助。

5. 向人民法院申请人身保护令。如果实在不能在一起生活，而且施暴人又有继续施暴的可能，社会管理机构和一些相关人员可以向法院申请人身保护令。

6. 请求指定监护人。针对未成年人实施的家暴，如果情节恶劣，可以请求人民法院撤销施暴人的监护人资格，另行指定监护人，被撤销资格的监护人仍然要承担未成年人的抚养费用。

相关法条

《反家庭暴力法》
第十三条 家庭暴力受害人及其法定代理人、近亲属可以向加害人或者受害人所在单位、居民委员会、村民委员会、妇女联合会等单位投诉、反映或者求助。有关单位接到家庭暴力投诉、反映或者求助后，应当给予帮助、处理。

家庭暴力受害人及其法定代理人、近亲属也可以向公安机关报案或者依法向人民法院起诉。

单位、个人发现正在发生的家庭暴力行为，有权及时劝阻。

第十四条 学校、幼儿园、医疗机构、居民委员会、村民委员会、社会工作服务机构、救助管理机构、福利机构及其工作人员在工作中发现无民事行为能力人、限制民事行为能力人遭受或者疑似遭受家庭暴力的，应当及时向公安机关报案。公安机关应当对报案人的信息予以保密。

第十五条 公安机关接到家庭暴力报案后应当及时出警，制止家庭暴力，按照有关规定调查取证，协助受害人就医、鉴定伤情。

无民事行为能力人、限制民事行为能力人因家庭暴力身体受到严重伤害、面临人身安全威胁或者处于无人照料等危险状态的，公安机关应当通知并协助民政部门将其安置到临时庇护场所、救助管理机构或者福利机构。

第二十一条 监护人实施家庭暴力严重侵害被监护人合法权益的，人民法院可以根据被监护人的近亲属、居民委员会、村民委员会、县级人民政府民政部门等有关人员或者单位的申请，依法撤销其监护人资格，另行指定监护人。

被撤销监护人资格的加害人，应当继续负担相应的赡养、扶养、抚养费用。

第二十三条 当事人因遭受家庭暴力或者面临家庭暴力的现实

危险，向人民法院申请人身安全保护令的，人民法院应当受理。

当事人是无民事行为能力人、限制民事行为能力人，或者因受到强制、威吓等原因无法申请人身安全保护令的，其近亲属、公安机关、妇女联合会、居民委员会、村民委员会、救助管理机构可以代为申请。

第二十九条 人身安全保护令可以包括下列措施：

（一）禁止被申请人实施家庭暴力；

（二）禁止被申请人骚扰、跟踪、接触申请人及其相关近亲属；

（三）责令被申请人迁出申请人住所；

（四）保护申请人人身安全的其他措施。

遭到家暴后应该如何取证

有些人觉得家丑不可外扬，遭遇家暴后就没有积极寻求帮助。实际上，在遭遇家暴后一定要学会使用法律武器保护自己，但对于收集证据也需要讲究策略和方法，避免触怒施暴者，遭受更大的伤害。那么，我们该如何有效取证呢？

••● 案例 ●••

程某（女）与陶某（男）系自由恋爱，于2015年登记结婚。婚后夫妻间常因生活琐事发生争吵，甚至动手打架。

后来，考虑到子女的身心健康和生活环境，陶某保证自己不再动手打人。但在之后的共同生活中，陶某并没有改变，反而变本加厉，将程某打成轻微伤。

2019年，程某不堪忍受，想要起诉离婚，但她此前没有注意收集证据，因而在这一步上花费了一些时间。

☞ 律师说法

　　家庭暴力是一个世界性的毒瘤，也是一个至今难以根除的隐痛，长期遭受家庭暴力的人，很可能处于恐惧、无助、被压迫的心理状态，难以鼓起勇气反抗施暴者。但遭遇家暴后，我还是建议大家从以下几个方面收集证据，报案、取证、求助，尽力摆脱家暴的旋涡。

　　第一，遇到家暴后一定要第一时间报警。因为警方的出警记录、警察现场勘查的记录、讯问笔录等可以直接作为证据使用，而且是非常有力的证据。

　　第二，及时就医，保存诊断证明和就医记录。只要遭遇家暴，一定要去医院就诊，留下诊断记录、病历等医疗记录。最好当天就去医院，医生会在诊断病历上认定伤情程度，还会写有"受外力击打"等受伤原因，再结合书面报警记录，能形成直接的证据链，证明你受伤的原因是对方的暴力行为。一条完整的证据链对打官司来说是非常重要的。

　　第三，录音录像。对于发生家庭暴力的家庭，建议在家里客厅、卧室安装摄像头，能够全程录音录像。安装在自己家中的摄像头，没有侵犯第三人的隐私，通过此方式收集的证据可以作为有效证据使用。

　　第四，寻找证人证言。遭遇家暴时，可以大声呼救，引起邻居或保安的注意，及时营救自己，另外，他们也是目击证人，可以为你做证，这是认定家暴的有利证人证言。

　　第五，寻求政府机构的帮助，比如说居委会、妇联、社区等部门。他们会记录并调查，这些也可以作为证据使用。

　　上述取证方式，当事人可以根据自己的实际情况去落实，主张遭受家暴的一方必须提供充足的证据证明自己的主张，才能避免诉讼中百口莫辩的败诉风险。

相关法条

《反家庭暴力法》

第七条 县级以上人民政府有关部门、司法机关、妇女联合会应当将预防和制止家庭暴力纳入业务培训和统计工作。

医疗机构应当做好家庭暴力受害人的诊疗记录。

第十五条 公安机关接到家庭暴力报案后应当及时出警，制止家庭暴力，按照有关规定调查取证，协助受害人就医、鉴定伤情。

无民事行为能力人、限制民事行为能力人因家庭暴力身体受到严重伤害、面临人身安全威胁或者处于无人照料等危险状态的，公安机关应当通知并协助民政部门将其安置到临时庇护场所、救助管理机构或者福利机构。

第二十条 人民法院审理涉及家庭暴力的案件，可以根据公安机关出警记录、告诫书、伤情鉴定意见等证据，认定家庭暴力事实。

09

如何认定夫妻债务

夫妻一方借贷和个人借贷有区别吗

现实生活中，有人在婚姻存续期内以个人名义向外借款，那这种情况属于个人借贷还是夫妻共同债务？以及夫妻一方借贷和个人借贷有什么区别，在法律上分别有怎样的规定？我们根据具体的案例，详细了解一下。

•●● 案例 ●●•

57 岁的王某（女）已经退休，原本计划跟老伴李某（男）安度晚年生活，但李某不幸去世。而其亡故后不久，竟有两人上门要债，说李某生前曾经向他们分别借款 20 万元和 25 万元。

王某突然多出 45 万元的巨额债务，但她从来不知道李某有借款行为，也不知道借款用途。她跟李某均已退休，有稳定的收入和医疗报销，日常生活也不需要太大的开销，两人平时感情很好，如果遇到需要借钱的情况，老伴定会跟她商量。因此，王某不同意归还。债主张某和章某便将王某起诉到了法院。

法院经审理认为，因为张某和章某两名原告只是提供了已去世的李某所书写的借条，没有提供相应证据证明该借款是家庭生活或生产经营所需，故单凭借条不能认定借款属于夫妻共同债务。

　　夫妻一方借贷和个人借贷有区别吗？答案是有。夫妻有共同举债意思表示的，按共同意思表示认定；无明确共同意思表示但符合家事代理范围的，推定夫妻有共同意思表示；无法推定夫妻有共同意思表示的，通过借款的用途，即是否用于夫妻共同生活、共同生产经营来确定是否属于夫妻债务。

相关法条

《民法典》

第一千零六十四条 【夫妻共同债务】

　　夫妻双方共同签名或者夫妻一方事后追认等共同意思表示所负的债务，以及夫妻一方在婚姻关系存续期间以个人名义为家庭日常生活需要所负的债务，属于夫妻共同债务。

　　夫妻一方在婚姻关系存续期间以个人名义超出家庭日常生活需要所负的债务，不属于夫妻共同债务；但是，债权人能够证明该债务用于夫妻共同生活、共同生产经营或者基于夫妻双方共同意思表示的除外。

夫妻债务一方不知情要偿还吗

两个人结婚后，就成了同甘共苦的命运共同体，财产中的收益或债务也紧密相连。如果夫妻感情稳定，对夫妻共同债务的话题可能没那么敏感，但近年来有不少离婚后一方发现自己莫名背负巨额债务的情况，多半是另一方在婚姻存续期内欠下的钱，哪怕离婚后也受到了影响。

夫妻共同债务的认定涉及债权人以及夫妻双方的切身权益，因此相关法律规定成了社会关注的热点。那么，夫妻一方不知情的债务到底要不要偿还？或者说该不该偿还？

•●● 案例 ●●•

汪某（男）和戴某（女）原是夫妻，二人婚后，汪某向同事张某借了 20 万元用于购买小汽车，供夫妻二人使用。数年后，二人因感情不和离婚，但对这笔借款认定为汪某的个人债务还是夫妻共同债务产生了争议。

诉至法院，戴某表示该借款是在她完全不知情的情况下产生的，不应当由她承担偿还责任，而汪某认为该借款是用于家庭生活家庭开销，戴某应当承担部分偿还责任。

法院经审理后，最后认定为夫妻共同债务。因为本案中汪某用向张某借的 20 万元购买了一辆小汽车，并供夫妻二人使用。虽然戴某表示不知道该笔借款，也没在借条上签字，但因为该笔借款是为了满足家庭日常生活所需，所以属于夫妻共同债务，应当由汪某和戴某共同承担偿还责任。

☞ 律师说法

《民法典》第一千零六十四条明文规定，首先明确了夫妻共同债务"共债共签"的基本原则，即夫妻共同债务原则上要由夫妻双方共同意思表示予以确认。

其次，夫妻一方在婚姻关系存续期间以个人名义为家庭日常生活需要所负债务，可以认定属于夫妻共同债务，超出家庭日常生活需要所负债务原则上不属于夫妻共同债务。

本案中属于婚姻关系存续期间，一方为日常家庭生活所产生的债务，因此，夫妻双方就此债务承担连带责任。

如果汪某以个人名义向张某借款 100 万元，数额超出了家庭的日常生活需要，此时就需要汪某举证。如果汪某提交的证据能证明这笔借款是用于夫妻二人共同经营公司，那么该笔借款还是属于夫妻共同债务。如果汪某借款后自己挥霍浪费，那么该借款就不属于夫妻共同债务。

相关法条

《民法典》

第一千零六十四条 【夫妻共同债务】

夫妻双方共同签名或者夫妻一方事后追认等共同意思表示所负的债务，以及夫妻一方在婚姻关系存续期间以个人名义为家庭日常生活需要所负的债务，属于夫妻共同债务。

夫妻一方在婚姻关系存续期间以个人名义超出家庭日常生活需要所负的债务，不属于夫妻共同债务；但是，债权人能够证明该债务用于夫妻共同生活、共同生产经营或者基于夫妻双方共同意思表示的除外。

夫妻之间借贷有效吗

我们都知道欠债还钱，天经地义，普通借贷关系比较容易界定。而夫妻间的借贷好像掺杂了更多的东西，不知该如何判断。大部分人认为，夫妻之间的婚后收入属于夫妻共同财产，但如果夫妻之间发生借款，还打了借条，两人离婚后这笔钱是否能按照普通借贷关系要回呢？

•••● 案例 ●•••

原告任某（女）与被告刘某（男）是夫妻关系。2016 年，双方经人介绍相识，并于同年 12 月登记结婚。婚后两人经常发生矛盾，没有生育子女也无共同财产及债务。

2018 年 6 月，刘某因生意周转向原告任某借款 30 万元，并向原告出具欠条一张，同时，约定该笔借款于 2019 年 12 月 1 日之前还清。借款到期后，原告多次向被告追索，被告均拒绝还款。为此，原告将刘某诉至法院。

庭审中，被告承认向原告借款的事实，但认为双方的借款发生在婚姻关系存续期间，应属夫妻共同财产，双方之间不具备法律意义上的借款关系。

　　一审法院审理认为，婚姻关系存续期间，夫妻双方可以约定所得的财产以及婚前财产各归各有，该约定对夫妻双方有约束力。在任某和刘某婚姻关系存续期间，刘某所写的借条是夫妻双方的真实意思表示，是对夫妻之间部分财产归属做了书面的约定，其内容受法律保护，因此刘某应承担偿还借款的责任。判决被告刘某偿还原告任某欠款 30 万元。

☞ **律师说法**

　　法律上没有禁止实行夫妻所得共同所有制的夫妻之间进行借款。在夫妻关系存续期间所得财产有两种方式，一种是前面说的共同所有制，另一种是约定财产制。我国绝大多数家庭的夫妻财产都处于共有状态，很少有上述案例中的情况，但夫妻之间也可以订立借款协议并成立借贷关系。

　　只不过夫妻间的借贷关系也分两种情况。第一种，如果夫妻之间借贷所涉款项来源于这个家庭共同财产，又用于家庭共同生活开支，那么所谓的"夫妻之间的借贷关系"就不复存在。第二种，如果借款用于借方的个人事务，那夫妻之间应当形成了有效的债权债务关系。只不过根据款项来源于共同财产还是个人财产，会出现所借款项部分返还和全部返还的区别。

相关法条

《民法典》

第一千零六十二条 【夫妻共同财产】

夫妻在婚姻关系存续期间所得的下列财产，为夫妻的共同财产，归夫妻共同所有：

（一）工资、奖金、劳务报酬；

（二）生产、经营、投资的收益；

（三）知识产权的收益；

（四）继承或者受赠的财产，但是本法第一千零六十三条第三项规定的除外；

（五）其他应当归共同所有的财产。

夫妻对共同财产，有平等的处理权。

第一千零六十五条 【夫妻约定财产制】

男女双方可以约定婚姻关系存续期间所得的财产以及婚前财产归各自所有、共同所有或者部分各自所有、部分共同所有。约定应当采用书面形式。没有约定或者约定不明确的，适用本法第一千零六十二条、第一千零六十三条的规定。

夫妻对婚姻关系存续期间所得的财产以及婚前财产的约定，对双方具有法律约束力。

夫妻对婚姻关系存续期间所得的财产约定归各自所有，夫或者妻一方对外所负的债务，相对人知道该约定的，以夫或者妻一方的个人财产清偿。

丈夫的赌债妻子有义务偿还吗

随着社会经济的发展，现代人的家庭财产模式也发生了深刻的变化。如果丈夫因赌博欠下债务，并亲手写了欠条或者借条，当他没有能力还款，债主拿着欠条上门追债，妻子该如何应对？

••● 案例 ●••

杨某（女）与田某（男）结婚四年，育有一女，两人工作稳定，收入足够生活所需，但婚后杨某发现田某有赌博的恶习，两人多次为此吵架。田某沉迷赌博，经常夜不归宿，还总是从夫妻共同账户中取钱。有一天，田某回家后告诉杨某，他已欠赌场6万元债务，连本带利超过10万元，而家中存款已经被他消耗空了。他连夜出门躲债，赌场的人上门追债无果，暂时离开。没多久，田某自杀身亡，警方成功取缔非法赌博场所，但仍有一些漏网人员向杨某逼债。杨某生活陷入困境，不仅要应付赌场债主追债，还要代田某偿还银行信用卡欠账，苦不堪言。

根据案例中的情况，杨某不知田某申请办理过信用卡，这笔钱也没有用于家庭生活。杨某可以先清算田某留下的遗产，从中分出一部分抵偿银行相关债务。另外，赌博系违法行为，我国法律明令禁止，因此赌债是不合法债务，不受法律保护。如果赌场再逼迫杨某还债，可选择报警。

一般来说，下列债务不能认定为夫妻共同债务，应由一方以个人财产清偿:（1）夫妻双方约定由个人负担的债务，但以逃避债务为目的的除外;（2）一方未经对方同意，擅自资助与其没有抚养义务的亲朋所负的债务;（3）一方未经对方同意，独自筹资从事经营活动，其收入确未用于共同生活所负的债务;（4）其他应由个人承担的债务。

相关法条

《民法典》

第一千零六十四条 【夫妻共同债务】

夫妻双方共同签名或者夫妻一方事后追认等共同意思表示所负的债务，以及夫妻一方在婚姻关系存续期间以个人名义为家庭日常生活需要所负的债务，属于夫妻共同债务。

夫妻一方在婚姻关系存续期间以个人名义超出家庭日常生活需要所负的债务，不属于夫妻共同债务;但是，债权人能够证明该债务用于夫妻共同生活、共同生产经营或者基于夫妻双方共同意思表示的除外。

丈夫的外债，妻子是否必须还

在司法实务中，经常有丈夫欠下妻子不知情的债务，但因为存在夫妻关系，债权人会要求妻子一起还款。但妻子从没用过这部分钱，如此要求并不合情理。那么，丈夫作为债务人欠下的债务，是否要由妻子归还？

••• 案例 •••

张某（男）与江某（女）经人介绍相识，两人恋爱三个月后登记结婚，婚后不久江某发现张某在婚前有 11 万元的外债，并在结婚一年内频繁使用信用卡、借呗等金融工具进行提前消费，欠下不少债务。两人因为债务问题，经常吵架。江某想离婚，但不清楚哪些外债应由男方自己承担，哪些外债要由夫妻双方共同承担，有些犹豫不决。

☞ 律师说法

在解答这个问题前，我们需要清楚法律上关于夫妻共同债务的认定。

根据《民法典》规定，夫妻共同债务主要的核心在于，夫妻一方知情不知情，是事先知情还是事后追认。如果能够证明夫妻双方均知情，比如，一起签署了借条、借款合同等，表示认可债务。

但在实际中，如果夫妻一方否认其签字的合同、协议或者借条是夫妻共同债务，在排除欺诈、胁迫等情况后，保证合同、协议或者是借条合法有效，法院原则上会认定为夫妻共同财产，所以，生活中需要夫妻共同签字的内容，尤其涉及债务问题的部分，一定要慎重。

夫妻共同债务的另一个核心是婚姻关系存续期间，一方在外借的钱，是用于个人还是用于家庭。如果没有用于夫妻家庭生活，那么该笔债务应归其个人负债；如果用于家庭生活，应视为夫妻共同债务。

相关法条

《民法典婚姻家庭编的解释（一）》

第三十四条 夫妻一方与第三人串通，虚构债务，第三人主张该债务为夫妻共同债务的，人民法院不予支持。

夫妻一方在从事赌博、吸毒等违法犯罪活动中所负债务，第三人主张该债务为夫妻共同债务的，人民法院不予支持。

10

夫妻财产有哪些注意事项

如何避免婚前个人财产和夫妻共同财产混淆

在男女平等的时代，很多女性和男性一样都经济独立了。在恋爱结婚时会不可避免地遇到财产问题，有人觉得做婚前财产公证是不够信任对方的表现，会伤害感情、伤害婚姻。但选择做婚前财产公证的人，他们的目的不是离婚，只是保护自己的合法权益。一旦婚后真的感情生变，提前分割了婚前个人财产和夫妻共同财产才能防止更糟的情况发生。

·•● 案例 ●•·

刘某（女）婚前购买了一套价值 30 万元的商品房，产权人登记为刘某。后刘某与孙某（男）相恋结婚，婚后两人在该房屋居住。三年后，双方协议离婚时，确认房屋市值已达 60 万元人民币，两人对该房产的增值部分应否按夫妻共同财产予以分割产生了争议。

离婚时，房产市值 60 万元，包括了婚前市值的 30 万元和婚后增值的 30 万元。由于婚房为刘某婚前所购买，产权登记也为刘某本人，那么该房产婚前市值 30 万元的权益应当归刘某一人所享有。

对于婚后增值的 30 万元，应区别各种情况予以确权。第一种情况，如果婚后房产不涉及还贷且不涉及装修，夫妻共同生活的民事行为对房产增值的产生不会产生民事法律效果，那么增值的 30 万元仍应当由刘某一人独享。

　　第二种情况，如果婚后房产不涉及还贷，但涉及装修且孙某对装修有贡献，那么孙某享有对装修的增值的民事权益，具体数额以他当时投入的装修占所有装修的比例，以及装修的现市值的评估价格为依据。

　　第三种情况，虽然婚后房产涉及还贷，但不同人承担还贷也会产生不同的权益分配。一是完全由刘某负担，那么增值的 30 万元除去装修增值部分的具体分配后，剩下的所有民事权益均由刘某独享；二是由孙某完全负担，那么增值的 30 万元除去装修增值部分的具体分配后，剩下的所有民事权益均由孙某独享；三是由刘某和孙某共同负担时，增值的 30 万元除去装修增值部分的具体分配后，剩下的所有民事权益，以刘某和孙某负担的比例为标准，由两人区分享有相应部分的民事权益。

☞ 律师说法

　　上述案例中，刘某应该举证证明他贡献的所有比例和部分，才能使自己的合法权益最大化。当然，为了避免婚前财产和婚后财产混淆，发生类似的纠纷，也可以像我之前说的订立婚前财产协议。这样通过婚前财产协议明确婚前财产的范围，也能让双方不再因此心有顾虑。很多人说自己相信爱情、相信婚姻，但每个人都是独立的个体，结婚并非意味着必须把一切合二为一。

相关法条

《民法典》

第一千零六十二条【夫妻共同财产】

夫妻在婚姻关系存续期间所得的下列财产，为夫妻的共同财产，归夫妻共同所有：

（一）工资、奖金、劳务报酬；

（二）生产、经营、投资的收益；

（三）知识产权的收益；

（四）继承或者受赠的财产，但是本法第一千零六十三条第三项规定的除外；

（五）其他应当归共同所有的财产。

夫妻对共同财产，有平等的处理权。

夫妻关系存续期间可以分割夫妻共同财产吗

大部分人对于夫妻分割财产的印象，是它好像总发生在一对夫妻离婚时，但在某些情况下，夫妻关系存续期间也能进行财产分割。那么，我们了解一下具体是哪些情况。

•••● 案例 ●•••

朱某（男）与齐某（女）系夫妻，2015 年登记结婚，婚后未生育子女，有一套房产属于齐某与朱某的夫妻共有财产，登记在朱某名下。

2019 年 6 月，朱某与他人签订房屋出售合同。齐某之前不知道朱某要出售该房产，开始跟朱某商量该事宜，但双方观点无法达成一致。2021 年齐某将朱某诉至法院请求分割夫妻共同财产。在审理中，齐某提供了能证明朱某在出售房屋过程中隐瞒该房屋系夫妻共有的事实。

法院经审理认为，夫妻婚姻关系存续期间取得的财产，除双方约定外，均属于夫妻共同财产。该房屋是齐某与朱某的夫妻共同财产。而朱某在婚姻存续期间，擅自对该房屋进行了处分，这种行为属于擅自变卖夫妻共同财产的行为，已经严重侵犯了齐某对于夫妻共同财产的所有权。因此法院对于齐某起诉要求分割夫妻共同财产的请求予以支持。

☞ 律师说法

一般来说，如果夫妻对财产没有特别的约定，那么在婚姻存续期内获得的财产就属于夫妻共同财产。而夫妻对共同财产具有平等的处理权。如果一方擅自处分，就是在损害另一方的利益。

夫妻共同财产制度的本质是共同共有，因此夫妻双方不会区分权利大小或占据的份额多少，而是享有平等的占有、使用、收益、处分的权利。夫妻共同财产一般不可分割，但在特定情形下也可予以分割，例如，一方有证据证明另一方在实施损害夫妻共同财产的行为，且符合《民法典》以及相关规定，就会予以分割。

像上述案例中，朱某和齐某都不想离婚，但是齐某又想保护自己的财产，齐某就可以采取诉讼的方式要求法院对婚内夫妻共同财产依法分割。当然，如果双方对财产的分割可以协商一致的话，采取签署婚内财产协议的方式也是可以的。

相关法条

《民法典》

第一千零六十六条 【婚内分割夫妻共同财产】

婚姻关系存续期间，有下列情形之一的，夫妻一方可以向人民法院请求分割共同财产：

（一）一方有隐藏、转移、变卖、毁损、挥霍夫妻共同财产或者伪造夫妻共同债务等严重损害夫妻共同财产利益的行为；

（二）一方负有法定扶养义务的人患重大疾病需要医治，另一方不同意支付相关医疗费用。

《民法典婚姻家庭编的解释（一）》

第三十八条 婚姻关系存续期间，除《民法典》第一千零六十六条规定情形以外，夫妻一方请求分割共同财产的，人民法院不予支持。

老公不上交工资违法吗

所谓夫妻共同财产，是指在婚姻关系存续期间取得的财产。夫妻财产制又被称为"婚姻财产制"，是一种关于夫妻财产关系的法律制度，其核心是调整夫妻财产关系，对双方的合法权利和财产利益进行保护，同时维护家庭和谐，保护家庭关系。

••• 案例 •••

赵女士和张先生本是同一家公司的员工，两人相识后感情渐渐升温，很快走到一起，之后去民政局办理了结婚登记手续。两人婚后没有把钱放在一起，而是各用各的工资卡，赵女士用每月工资负责家庭日常开销，张先生仿佛甩手掌柜，根本不管家里的花销，因此赵女士常常入不敷出。

张先生自己拿着工资卡，经常请同事朋友出去吃饭，或是用工资进行投资，每个月基本上不给家里留钱。赵女士想让张先生把工资卡交给她，可张先生想都没想就拒绝了她。那么，老公不上交工资违法吗？

☞ 律师说法

我们知道夫妻在婚姻关系存续期间所得的工资、奖金、劳务报酬等都属于夫妻共同财产，所以，上述案例中张先生的工资当然也属于夫妻共同财产。

如果老公只是没把工资交给妻子，这并不违法，但如果老公的工资全部由个人处分，没有用于家庭生活，那么，需要确认他将工资用在了哪里，不同的处分行为导致的法律后果不尽相同。不过，这种法律后果仅仅是指法律上的规定。

作为律师，我建议大家，如果你们生活中总是因为夫妻共同财产问题产生争吵，为了保证家庭和谐和夫妻感情，不妨签署婚内财产协议，约定好房产、车辆、存款、支出、收入等内容，把有争议的部分通过协议处理妥当。

相关法条

《民法典》

第一千零六十五条 【夫妻约定财产制】

男女双方可以约定婚姻关系存续期间所得的财产以及婚前财产归各自所有、共同所有或者部分各自所有、部分共同所有。约定应当采用书面形式。没有约定或者约定不明确的，适用本法第一千零六十二条、第一千零六十三条的规定。

夫妻对婚姻关系存续期间所得的财产以及婚前财产的约定，对双方具有法律约束力。

夫妻对婚姻关系存续期间所得的财产约定归各自所有，夫或者妻一方对外所负的债务，相对人知道该约定的，以夫或者妻一方的个人财产清偿。

　　第一千零六十六条 【婚内分割夫妻共同财产】

　　婚姻关系存续期间，有下列情形之一的，夫妻一方可以向人民法院请求分割共同财产：

　　（一）一方有隐藏、转移、变卖、毁损、挥霍夫妻共同财产或者伪造夫妻共同债务等严重损害夫妻共同财产利益的行为；

　　（二）一方负有法定扶养义务的人患重大疾病需要医治，另一方不同意支付相关医疗费用。

老公打赏女主播的钱，妻子能要回吗

近年来随着直播平台的发展，很多人都习惯了给喜欢的主播送"飞机"、送"游艇"，但这些打赏方式也引发了一系列的法律问题。例如，有未成年人瞒着父母偷偷给主播打赏，花光父母多年积蓄；也有一些成年男性沉迷于给美女主播打赏，最终导致家庭破裂。

••• 案例 •••

2019 年，王先生在某直播平台注册了账号，开始观看网络直播，并不断打赏主播，在不到一年半的时间内累计打赏近 90 万元，其妻子于女士得知后，向法院起诉要求直播平台返还。

一审法院认定王先生的行为属于赠与行为，不存在法律规定的无效或可撤销的情形，赠与合同是赠与人将其财产无偿赠与受赠人，受赠人同意接受的合同。虽然没有书面的赠与合同，但已经存在事实的赠与。王先生一旦转移财产权，即视为赠与完成。其次，王先生是完全民事行为能力人，不能因第三人不知情而认定任意处分共有财产的行为无效。综上，于女士的诉讼请求没有事实和法律依据，法院不予支持，因此驳回了诉讼请求。

☞ 律师说法

　　我们先来了解一下 2020 年最高人民法院出台的《关于依法妥善审理涉新冠肺炎疫情民事案件若干问题的指导意见（二）》，其中第九条明确规定了："限制民事行为能力人未经其监护人同意，参与网络付费游戏或者网络直播平台'打赏'等方式支出与其年龄、智力不相适应的资金，监护人要求游戏运营商或者网络平台返还有关款项的，人民法院应予支持。"而上述案例中涉及的是具有完全民事行为能力的成年人，所以，在王先生打赏主播后，要求主播或平台返还款项不符合上述规定。

　　遇到丈夫给主播打赏的情况，如果没有特殊理由，妻子一般无法要回，不过由此造成的损失可以要求丈夫赔偿。如果存在以下情形之一，妻子则有权要求主播和平台返还男方打赏的款项：

　　第一种是男方和主播存在不正当关系。男方以打赏之名，把夫妻共同财产交给主播，违反了公序良俗，无论主播知不知道男方有家室，男方对婚姻不忠的行为都得不到法律的支持。

　　第二种是男方和主播恶意串通，以打赏之名，恶意转移婚内财产，并按约定分割财产。因此主播主观上具有恶意，双方串通的打赏行为损害了妻子的合法权益，善意取得的相关规定不能适用主播，妻子有权要求返还打赏款项。

相关法条

《民法典》

第八条 【守法与公序良俗原则】

民事主体从事民事活动，不得违反法律，不得违背公序良俗。

第一百四十三条 【民事法律行为的有效条件】

具备下列条件的民事法律行为有效：

（一）行为人具有相应的民事行为能力；

（二）意思表示真实；

（三）不违反法律、行政法规的强制性规定，不违背公序良俗。

保险是夫妻共同财产吗

保险是一种保障机制，根据《中华人民共和国保险法》第二条中解释："本法所称保险，是指投保人根据合同约定，向保险人支付保险费，保险人对于合同约定的可能发生的事故因其发生所造成的财产损失承担赔偿保险金责任，或者当被保险人死亡、伤残、疾病或者达到合同约定的年龄、期限等条件时承担给付保险金责任的商业保险行为。"如果选择购买保险，就会产生保险费，保险生效确认赔付后也会有相应的保险理赔金。如今夫妻共同财产的认定也延伸到了保险领域，而婚姻关系存续期间，夫妻双方购买的保险、获得的理赔金是否属于夫妻共同财产，需要视具体情况而定。

••● 案例 ●••

肖某（女）与郭某（男）经相亲认识，恋爱两年后办理了结婚登记手续。婚后，肖某想为自己购买一份保险，无奈郭某不同意。但肖某还是偷偷为自己投保了一份重疾险。2016年底，肖某被诊断出患有乳腺癌。原本郭某在外地做小生意，每个月回家一次，在得知肖某患癌后，开始不再回家。据周围邻居介绍，郭某早已在外地和其他女人同居。

而肖某因三年前购买的重疾保险，获保险理赔金 90 万元。郭某在知晓肖某获得 90 万元的保险理赔金后愤愤不平，想要按照夫妻共有财产进行分割，但肖某不愿意。于是，郭某起诉到法院，要求与肖某离婚并分割 90 万元的保险理赔金。理由是肖某是婚后购买的保险，90 万元应按夫妻共同财产进行分配。

法院经审理认为，婚姻关系存续期间，夫妻一方作为受益人依据以死亡为给付条件的人寿保险合同获得的保险金，宜认定为个人财产，双方另有约定的除外，因此判决驳回郭某的诉讼请求。

☞ **律师说法**

目前，商业保险大致可分为：财产保险、人身保险、责任保险、信用保险、津贴型保险、海上保险。我们前面提到了保险是否属于夫妻共同财产需要视具体情况而定。如果是带有分红性质的理财类保险，就属于夫妻共同财产。如果是上述案例中的人身保险类，可以分为两种情况。

第一种，假设肖某在丈夫郭某不知情的情况下，利用自己的工资为自己购买了保险，且在保险期内没有患癌，也没有获得保险理赔金。这时郭某得知妻子私自购买保险，要求离婚并要求分割保险。那么，肖某购买保险的保单现金价值应属于夫妻共同财产，郭某有权要求进行分割。如果肖某不愿意继续购买保险，保险公司办理相应的退保，那么退还的金额应当给郭某一半。

第二种，就是上述案例中婚姻关系存续期内，肖某购买保险，并不幸患癌，她因此获得了理赔金，但这属于"以死亡为给付条件的人寿保险合同获得的保险金，宜认定为个人财产"，因此法院判定保险理赔金为肖某个人所有。

相关法条

《民法典》

第一千零六十三条 【夫妻个人财产】

下列财产为夫妻一方的个人财产：

（一）一方的婚前财产；

（二）一方因受到人身损害获得的赔偿或者补偿；

（三）遗嘱或者赠与合同中确定只归一方的财产；

（四）一方专用的生活用品；

（五）其他应当归一方的财产。

婚后父母赠与子女的房产是共同财产吗

父母为了孩子生活幸福，往往会在子女结婚后赠与夫妻双方一定的财物。一般而言，如果父母的赠与发生在夫妻结婚之后，而且父母在赠与时没有明确这个赠与是针对夫妻一方的，那么，这个赠与会认定为夫妻共同财产吗？

•●● 案例 ●●•

许某（女）与方某（男）于 2018 年登记结婚。婚后，方某的父亲出资购买了一套住房，登记在方某名下，后来两人因性格不和、感情问题于 2021 年起诉离婚。

许某在庭审中称，目前居住的房屋应按照夫妻共同财产分割。方某则表示，房屋款是由其父亲出资，是赠与其个人的，应该属于个人财产。

法院经审理认为，方某称因该房款为其父母出资，故应为其个人财产，但是房屋系双方婚后购买。根据《民法典》以及婚姻编司法解释规定，当事人结婚后，父母为双方购置房屋出资的，依照约定处理；没有约定或者约定不明确的，属于赠与双方的共同财产。

在本案中，由于方某没有拿出该涉案房屋是其父亲赠予其个人的证据，故房屋应为双方婚后取得的共同财产。

☞ 律师说法

上述案例中，方某的父母出资购买了房产，并登记在方某名下，但不能以此认定房屋属于方某一方个人财产。因为房屋系双方婚后购买，也未签订书面的协议约定婚姻存续期间的财产，且双方并未解除婚姻关系，因此属于夫妻共同财产。

所以说，男女双方结婚之后，一方父母出资给子女买房，父母与子女及其配偶没有明确约定的，即使产权只登记子女一个人的名字，也不能认定该房屋的产权属于子女个人。如果想避免该房屋被认定为夫妻共同财产，应当签订书面协议。

相关法条

《民法典婚姻家庭编的解释（一）》

第二十九条 当事人结婚前，父母为双方购置房屋出资的，该出资应当认定为对自己子女个人的赠与，但父母明确表示赠与双方的除外。

当事人结婚后，父母为双方购置房屋出资的，依照约定处理；没有约定或者约定不明确的，按照《民法典》第一千零六十二条第一款第四项规定的原则处理。

男方父母的拆迁款，女方有权分配吗

随着城市化进程的加快，很多地区的城乡接合部得到发展，村庄经过拆迁变成高楼林立的都市，不少村民因此拿到了一笔可观的拆迁补偿款。我们知道女性在婚姻和家庭中，跟男性一样拥有平等的权利。那么，因拆迁男方父母的房屋获得的补偿款，女方有权分配吗？

••• 案例 •••

王某和妻子李某于 2002 年申请一处宅基地，并在宅基地上建房。王某的儿子小王结婚，同年儿媳小谭的户口迁入该宅基地。

2017 年，该宅基地上的房屋拆迁，2018 年，小王跟小谭离婚。随后，小谭要求平分 700 余万元的拆迁补偿款，并要求按照每平方米 18000 元的差价对她和孩子享有的 100 平方米优惠购房资格予以 180 余万元的现金补偿，两项折价款合计 460 余万元。

王某认为自己和妻子辛辛苦苦三十多年，为该宅基地贡献了大半生的精力和金钱，但结婚不到三年的儿媳小谭却要平分拆迁款，十分不公平，因此不答应小谭的诉求。小谭随后起诉至法院。

法院经审理认为，王某夫妻于 2002 年申请宅基地盖房，房屋建成后原告将户口迁入该宅基地，宅基地上房屋为王某夫妻出资建造，且拆迁协议中补偿标准是按照宅基地实际面积折抵，与户口无关，因此判决驳回了小谭的诉讼请求。

☞ 律师说法

　　男方父母的拆迁款，女方能否有权获得？大致可以分为两种情况：第一种，如果拆迁的是一方婚前的房屋，属于婚前个人财产，而且拆迁行为发生在婚前，拆迁补偿利益的确定也发生在婚前，只是在婚后才发放拆迁补偿款或者是取得拆迁安置房，那么，另一方无权分配拆迁款。因为整个拆迁的过程都发生在婚前，原告本身没有参与整个拆迁。

　　第二种，如果拆迁的是一方婚前的房屋，但属于婚后才发生的拆迁行为，并在婚姻存续期间获得拆迁补偿利益（补偿款或者是安置房等）。根据法律规定，如果补偿款中包括了对家庭人口的补偿，或有部分款项是补给家庭成员配合拆迁的奖励，或拆迁安置的房屋中包含考虑了家庭成员的存在、以家庭为单位给予的补偿，那么，由此获得的该部分补偿款应属于夫妻共同财产，原告方应享有一定的份额。

相关法条

《民法典》

第一千一百二十七条 【继承人的范围及继承顺序】

遗产按照下列顺序继承：

（一）第一顺序：配偶、子女、父母。

（二）第二顺序：兄弟姐妹、祖父母、外祖父母。

继承开始后，由第一顺序继承人继承，第二顺序继承人不继承；没有第一顺序继承人继承的，由第二顺序继承人继承。

本编所称子女，包括婚生子女、非婚生子女、养子女和有扶养关系的继子女。

本编所说的父母，包括生父母、养父母和有扶养关系的继父母。

本编所称兄弟姐妹，包括同父母的兄弟姐妹、同父异母或者同母异父的兄弟姐妹、养兄弟姐妹、有扶养关系的继兄弟姐妹。

11

婚姻中的抚养与赡养义务

夫妻关系存续期间能要求对方支付子女抚养费吗

很多人知道，在离婚情况下，一方抚养子女，另一方未直接抚养子女的应该支付抚养费，但在婚姻存续期间，能否主张抚养费呢？答案是可以的，因为法律规定父母对未成年子女有抚养义务。

•••● 案例 ●•••

孙某（女）与蒋某（男）交往一段时间后，办理了婚姻登记手续，并举办了婚礼。一年后，孙某生下儿子强强。为了让家人过上更好的生活，蒋某告别了妻子和尚在襁褓的孩子，前往杭州做生意。

几年后，蒋某不回家也不联系孙某母子，甚至断了母子二人的生活费。孙某左思右想之下，决定以儿子强强的名义向法院提起诉讼，请求法院依法判令蒋某支付强强的抚养费5万余元。但蒋某认为，自己和孙某并没有离婚，无论是自己还是孙某的财产均是夫妻共同财产，并且自己身无分文，无力供养孩子。

法院结合强强的实际需要、孙某和蒋某的负担能力及实际生活水平，依法酌定蒋某每月应向强强支付抚养费1200元。

根据《民法典》规定，父母对子女有抚养教育的义务，所以不是只有离婚才能要求一方给付抚养费。从上述法律可以确定，抚养义务是一项法定义务，自子女出生之日起，延续至子女成年或能独立生活为止，除非未成年子女先于父母死亡，其他任何情形下不能消除。

抚养子女是父母双方的义务，一方是否和子女共同生活、父母之间是否离婚、父母有没有经济收入等，均不影响该法定义务的承担。因此蒋某关于双方未离婚，而一方抚养应当认定为双方均履行了抚养义务的辩解明显不能成立。

相关法条

《民法典》

第一千零五十八条 【夫妻抚养、教育和保护子女的权利义务平等】

夫妻双方平等享有对未成年子女抚养、教育和保护的权利，共同承担对未成年子女抚养、教育和保护的义务。

第一千零六十七条 【父母的抚养义务和子女的赡养义务】

父母不履行抚养义务的，未成年子女或者不能独立生活的成年子女，有要求父母给付抚养费的权利。

成年子女不履行赡养义务的，缺乏劳动能力或者生活困难的父母，有要求成年子女给付赡养费的权利。

夫妻之间有互相扶养的义务吗

我们都知道父母与子女之间有抚养和赡养义务，却不知道夫妻之间应该承担扶养义务，抚与扶字音不同，含义也不同。

抚养主要是指父母、祖父母、外祖父母等长辈对子女、孙子女、外孙子女等晚辈的抚育、教养。而扶养泛指特定亲属以及夫妻之间根据法律的明确规定而存在的经济上相互供养、生活上相互扶助的权利义务关系。夫妻之间本该相偕一生，互相珍惜，但现实生活往往没有这么美好。

·•● 案例 ●•·

李某（女）与王某（男）经人介绍在老家结婚，并办理了结婚登记。婚后第二年，李某与王某因琐事发生争吵，吵架后李某回娘家居住，随后李某因出现精神类障碍到医院治疗，被诊断为精神分裂症，支出医疗费 800 元、交通费 500 元。

半年后，李某再次到医院进行精神病鉴定，鉴定结论为应激相关障碍（反应性精神障碍），丧失工作能力和个人生活自理能力，支出鉴定费及检查费共 1500 元、交通费 700 元。李某出院后继续回娘家居住，其间王某没有去探望李某，也不支付妻子的治疗费用。随后李某诉至法院。

　　法院经审理认为，在李某生病住院期间及出院后，王某从未去探望李某，没有履行相应的扶养义务，因此对王某不履行扶养义务的行为应予以批评，判决王某支付李某的治疗费、扶养费，并承担李某以后的治疗等费用。

☞ 律师说法

　　夫妻之间互相扶养是公民法定的义务，有扶养能力的一方必须自觉履行这一义务，特别是在对方患病或是丧失劳动能力的情况下更应该做到这一点。如果一方不履行这一法定义务，另一方可通过法律途径维护自己的合法权益。

　　本案中的李某、王某系夫妻关系，虽然是分居生活，但是婚姻关系并未解除，他们夫妻之间仍然有经济上的互相扶养义务。

　　夫妻间的扶养义务是基于夫妻特定的人身关系而产生的，始于婚姻缔结之日，终于夫妻离婚或一方死亡时。不过在婚姻关系中，夫妻一方索要扶养费，必须是在自己生活有困难而对方又有扶养能力时，才能行使这项权利。

相关法条

《民法典》
第一千零五十九条 【夫妻扶养义务】
夫妻有相互扶养的义务。

需要扶养的一方，在另一方不履行扶养义务时，有要求其给付扶养费的权利。

公婆不带孩子，儿媳有权拒绝赡养公婆吗

孝敬父母是中华民族的传统美德，不过现在年轻人的生活压力很大，不仅要养育年幼的孩子，还要赡养年迈的父母，而且很多人都是独生子，双方父母加起来，就是一对年轻夫妇要养四位老人。不过压力归压力，身为子女，赡养父母是法律规定的应尽义务。

有些双职工家庭就出现了年轻父母没时间带孩子，需要公公婆婆帮忙带孩子的情况，但老人操劳了一辈子，退休后终于有清闲的时间，并不是所有人都愿意帮忙带孙子孙女，那么，如果公婆拒绝带孩子，儿媳是不是能拒绝赡养他们呢？

•●● 案例 ●●•

张某（女）与刘某（男）因相亲认识，不久后结婚，结婚三年后家里迎来了新成员，一个可爱的小宝宝。由于夫妻二人平时都要上班，张某求公婆抽时间帮忙照顾孩子，可公婆以自己身体抱恙为由拒绝了。张某只好自己想办法，既要照顾家庭又要兼顾工作，有段时间异常辛苦。现如今，公婆年龄大了，身体越来越差，

要求张某和刘某履行赡养义务。面对赡养公婆的情况，张某百般不愿。但现实真能如她所愿吗？

 律师说法

法律上没有规定公婆必须帮儿媳照顾孩子，所以单从法律意义上讲，公婆没有给儿媳带孩子的义务，儿媳也没有赡养公婆的义务。

按照《民法典》中的规定，是说有血缘关系或者抚养关系的子女对父母有赡养义务，而婆媳之间不存在血缘关系，因此儿媳不赡养老人不违法。但法律是法律，现实生活中还是要奉养老人的。夫妻结婚后就是一家人，对儿媳而言公公婆婆是父母，对女婿而言岳父岳母也是父母，如果非要分得那么清楚，一家人也无法齐心。

所以说，法律保障公民的基本权利，规定人们应尽的基本义务。在法律规定之外，我们还需遵守道德规范，为了家庭和谐，儿媳对公婆、女婿对岳父母都应尽赡养义务，这也是根植于我们血脉中的文化要求。

相关法条

《民法典》
第二十六条 【父母子女之间的法律义务】
父母对未成年子女负有抚养、教育和保护的义务。
成年子女对父母负有赡养、扶助和保护的义务。

第一千零六十七条 【父母的抚养义务和子女的赡养义务】

父母不履行抚养义务的，未成年子女或者不能独立生活的成年子女，有要求父母给付抚养费的权利。

成年子女不履行赡养义务的，缺乏劳动能力或者生活困难的父母，有要求成年子女给付赡养费的权利。

第一千一百二十九条 【丧偶儿媳、女婿的继承权】

丧偶儿媳对公婆，丧偶女婿对岳父母，尽了主要赡养义务的，作为第一顺序继承人。

《中华人民共和国老年人权益保障法》

第十四条 赡养人应当履行对老年人经济上供养、生活上照料和精神上慰藉的义务，照顾老年人的特殊需要。

赡养人是指老年人的子女以及其他依法负有赡养义务的人。

赡养人的配偶应当协助赡养人履行赡养义务。

继子女对生父母、继父母都有赡养义务吗

近些年离婚率居高不下，重组家庭也随之增多，这也意味着继父母、继子女的人数在不断增加。继父母通常是指子女的母亲或者父亲再婚的配偶，继子女则是指夫或妻一方与前配偶所生的子女，与之相关的权益也引起了大众的关注。法律对赡养父母有明确规定，那么继子女对生父母、继父母都有赡养义务吗？

••● 案例 ●••

张某冰 5 岁时父母离异，不久，母亲王某与宋某结婚。婚后，张某冰一直与王某一起生活，宋某对张某冰视如己出，很关心他的学习和生活。但在张某冰 25 岁时，王某不幸去世，只剩下继父宋某与张某冰共同生活。

不久后，宋某因悲痛过度也一病不起，张某冰除了工作还需要分出精力照顾继父。张某冰的亲生父亲张某得知此事后，找到张某冰让他不要管继父死活，反正宋某不是张某冰的亲生父亲，张某冰没有赡养义务。张某这种想法对吗？

☞ 律师说法

上述案例主要涉及继子女是否应当赡养继父母的问题。张某的说法显然是错误的。根据《民法典》规定，子女对父母的赡养义务，不仅发生在婚生子女与父母之间，也发生在非婚生子女与生父母之间，也就是养子女与养父母和继子女与履行了抚养教育义务的继父母之间。

所以，确认继父母与继子女之间是否形成抚养教育关系十分重要。而继父母与继子女间抚养关系的认定标准是：第一，在经济方面继父母是否承担了抚养费；第二，继父母与继子女是否长期共同生活，并对继子女进行照顾和教育，是一个完整的家庭；第三，共同生活时，继子女是否未成年或成年但不能独立生活。

如果符合上述认定标准，那么他们之间就形成了相当于亲生父母和子女的关系。在这种情况下，继子女有赡养继父母的义务。

另外，根据法律规定，受继父母抚养长大的继子女对继父母有赡养的义务；而子女对亲生父母也有赡养义务。因此，本案中张某冰对宋某有赡养义务，同时，张某冰对张某也有赡养义务。

相关法条

《民法典》

第一千零六十九条 【子女尊重父母的婚姻权利及赡养义务】

子女应当尊重父母的婚姻权利，不得干涉父母离婚、再婚以及婚后的生活。子女对父母的赡养义务，不因父母的婚姻关系变化而终止。

第一千零七十二条 【继父母子女之间的权利义务】

继父母与继子女间，不得虐待或者歧视。

继父或者继母和受其抚养教育的继子女间的权利义务关系，适用本法关于父母子女关系的规定。

哪些情况下祖父母或外祖父母对孙子女有抚养义务

现代人生活压力大节奏快，平时忙于工作，祖辈与孙辈之间的相处反而比父母多。再加上老人疼孩子是常事，格外珍惜暮年的血缘亲情，也就出现了"隔代亲"现象。但祖父母或外祖父母对孙子女有抚养义务吗？在法律层面上，他们是否应该抚养孙子女呢？

•••● 案例 ●•••

葛某（男）与王某（女）婚后育有一子葛东东，为谋生计，两人一起出门打工，并将孩子送回老家交给爷爷奶奶照顾。不到半年，葛某因意外去世，王某受不了打击精神失常。葛东东转眼长到 12 岁，爷爷奶奶要求变更孩子的抚养权给自己。此时，爷爷奶奶能否取得抚养权呢？

从有利于子女身心健康、保障子女的合法权益角度出发，葛东东已经和爷爷奶奶共同生活十几年，如其同意由爷爷奶奶抚养，并且爷爷奶奶也有抚养能力的情况下，该请求是合理的。

法院经审理认为：本案中，葛东东的母亲王某精神失常，在葛东东的父亲葛某死亡后，爷爷奶奶要求抚养葛东东的请求符合法律的有关规定，其请求应受到法律保护。

祖孙关系是指祖父母与孙子女、外祖父母与外孙子女之间的权利义务关系。祖父母、外祖父母与孙子女和外孙子女是隔代的直系血亲关系，他们之间在具备法律条件的情况下，可以形成抚养和赡养关系。

在一般情况下，子女由父母抚养，祖孙之间不直接产生权利义务关系，但是在特定条件下，祖孙之间也会产生抚养义务。祖父母对孙子女承担抚养义务的条件是：第一，孙子女的父母双方已经死亡，或一方死亡，另一方确无能力抚养，或父母双方均已丧失抚养能力；第二，孙子女未成年，需要抚养；第三，祖父母具有抚养孙子女的经济负担能力。以上三个条件须同时具备，才能产生祖父母对孙子女的抚养义务。

相关法条

《民法典》

第一千零七十四条 【祖孙之间的抚养、赡养义务】

有负担能力的祖父母、外祖父母，对于父母已经死亡或者父母无力抚养的未成年孙子女、外孙子女，有抚养的义务。

有负担能力的孙子女、外孙子女，对于子女已经死亡或者子女无力赡养的祖父母、外祖父母，有赡养的义务。

12

婚姻中房产归属的注意事项

夫妻共有房产，一方可以私自卖掉吗

在婚姻关系中，经常出现夫妻双方把共同房产登记在一方名下的情况，有时候是为了表达爱意，让对方有安全感，有时候是权宜之计，因对方有购房资格。不论哪种原因，都存在一定的隐患。如果一方擅自以自己名义或者伪称取得对方同意，要将共同房产卖掉，可以吗？另一方该怎么办？

•●● 案例 ●●•

35 岁的魏某（男）与 29 岁的夏某（女）于 2015 年结婚，二人拥有两套房子，一套出租，一套自住，两套房屋均登记在妻子夏某的名下。魏某出国打工，一去四年未归，长期的分居致使两人产生矛盾。

2020 年 1 月，魏某回国后经过再三考虑决定离婚，并准备与妻子分割财产，却没想到原本在出租的那套房屋已经被夏某卖了。魏某得知消息后，去找房屋买主冯某主张权利，认为夏某卖房没有经过自己的同意，因此房屋买卖合同无效，房屋的买主应当返还房屋。

冯某知道后倍感委屈，他认为自己的购房合同手续齐全，也已经把钱付给卖方，而且程序上房屋已经过户，自己理应是房屋的主人。那么这个房屋到底该归谁所有呢？

☞ 律师说法

在上述案例中，房屋应当归冯某所有。根据《民法典》相关规定，在夫妻关系存续期间购买的房屋，不管房屋登记在谁的名下，都属于夫妻共同财产。夏某作为房屋登记所有人已经私下和冯某签订了房屋买卖协议，他们之间的房屋买卖合同具有法律效力。

而且，在法律中冯某属于善意取得不动产的一方，意思是冯某不知道夏某瞒着魏某进行房屋买卖，他是善意的。同时，他已支付的价款和市场价值相差不大，最后，房子已经进行了过户，这满足善意取得制度。魏某不能向冯某要回房子，但是，魏某可以在离婚时提出让夏某赔偿损失。

可能有人认为夏某作为妻子，有权代表魏某买卖房子，这个想法是不对的。如果想避免夫妻一方擅自出卖房屋等夫妻共有财产，可以采取以下办法：

第一，将房屋等需要登记的财产权利人登记为夫妻双方。如果房产登记簿上有双方的姓名，那么就需要取得两个人的同意才能购买房产。

即使夫或妻一方声称已经征得配偶的同意，买方也应尽注意义务，了解出让双方是否对出卖房屋达成一致意见，否则，买方难以被认定为善意取得房屋。

第二，未登记为房屋权利人的一方向法院提起共有物确认之诉，要求将自己列为房屋共有人。

第三，异议登记。如果夫妻关系恶化，为防止一方恶意转移财产，可以向房地产交易中心申请对该房产异议登记。提出异议的一方将会被记载入不动产权登记簿，同样对买方起到警示的作用。

相关法条

《民法典》

第三百一十一条 【善意取得】

无处分权人将不动产或者动产转让给受让人的，所有权人有权追回；除法律另有规定外，符合下列情形的，受让人取得该不动产或者动产的所有权：

（一）受让人受让该不动产或者动产时是善意；

（二）以合理的价格转让；

（三）转让的不动产或者动产依照法律规定应当登记的已经登记，不需要登记的已经交付给受让人。

受让人依据前款规定取得不动产或者动产的所有权的，原所有权人有权向无处分权人请求损害赔偿。

当事人善意取得其他物权的，参照适用前两款规定。

第一千零六十条 【夫妻日常家事代理权】

夫妻一方因家庭日常生活需要而实施的民事法律行为，对夫妻双方发生效力，但是夫妻一方与相对人另有约定的除外。

夫妻之间对一方可以实施的民事法律行为范围的限制，不得对抗善意相对人。

夫妻一方擅自出售房屋，另一方能够要回房屋吗

在任何关系中，任何财产处理都需要我们慎重对待，夫妻关系也是如此。现实生活里夫妻单方处理共有财产的行为时有发生，因此引发的纠纷也会引起大众讨论。如果出现夫妻共同所有的房屋被夫妻一方单方出售的情况，应该如何处理呢？

••● 案例 ●••

高女士与张先生已经结婚十年，随着婚后财产的不断积累，他们购买了第二套房产，并登记在了张先生名下。不久以后，张先生在没与高女士商量的情况下，经房产中介机构介绍将这套房屋卖给了买方秦先生，并在收取全部房款后办理了过户。

高女士得知后不同意卖房，并认为房屋价格会持续上涨，张先生不应该这时候卖房。同时，她也为购买该房屋出了一部分钱，于情于理都有权参与决定房屋的买卖。但她之前对丈夫的卖房行为完全不知情。于是，高女士向法院提起了诉讼，主张房屋买卖合同无效，要求返还房屋。

法院经审理，最终驳回了高女士的诉讼请求。

本案中，高女士和张先生对夫妻共有财产均有平等的处理权。不过这种"平等"的处理权，在具体行使时要分情况而论：对于因日常生活需要而处理共有财产的，任何一方都有权单方决定，如购买生活用品；对于非因日常生活需要对共同财产做重要处理决定的，夫妻双方应当平等协商，取得一致意见。

而出卖房屋的行为显然超出了日常生活需要的范畴。所以，一方出卖房屋的行为应当经另一方同意，任何一方不得擅自处分。夫妻一方未经对方同意擅自处分共同财产的，对方有权请求法院宣告该处分行为无效。

但还有一种特殊情况，单方处分也无法被另一方主张无效，就是"第三人善意取得"，即如果第三人不知道也无从知道夫妻一方的行为属于擅自处分行为，那该处分行为有效。所以，本案中法院驳回了高女士的诉讼请求，秦先生善意取得了张先生的房屋。

那么，高女士要怎样最大限度地保护自身权益呢？

对夫妻共有财产，未经对方同意不得擅自处分，否则侵害了对方的财产处分权。如果夫妻一方擅自处分夫妻共同所有的房屋，对另一方造成损失，那么离婚时，另一方可以向擅自处分房屋的一方要求赔偿。

只不过要想这么做必须同时满足两个条件：第一，擅自处分房屋造成了损失。如果对方确实擅自处分了房屋，但没有造成损失，那么另外一方不能索赔。第二，要在离婚时索赔。如果造成了损失，由于是夫妻共同财产，在没有离婚之前也不能索赔。

大家还是应该具备基本的风险意识，防患于未然，前面已经提过三个预防办法，可供参考。

相关法条

《民法典婚姻家庭编的解释（一）》

第二十八条 一方未经另一方同意出售夫妻共同所有的房屋，第三人善意购买、支付合理对价并已办理不动产登记，另一方主张追回该房屋的，人民法院不予支持。

夫妻一方擅自处分共同所有的房屋造成另一方损失，离婚时另一方请求赔偿损失的，人民法院应予支持。

父母私下把房产过户给孙子合法吗

与老人有关的官司，大多牵涉遗嘱。可怜天下父母心，父母生前都希望子女能生活得好一些，离世后也多半会把自己的遗产留给他们。不过，也有一些老人心疼孙子、孙女，于是瞒着子女把自己的房子过户给孙辈。那么，父母在子女不知情的情况下，将房子直接过户给孙子是否合法?

•••● 案例 ●•••

朱女士和孙先生二人共生育了三个子女，一个女儿、两个儿子。小儿子与其妻生育一子，而这个小孙子一直与老夫妇二人共同生活，他们对小孙子也是疼爱有加。两人一致决定要将自己的老房子过户给孙子，并办理了过户手续。

后来，大女儿和大儿子知情后十分气愤，认为老房子本应该由姐弟三人在老人去世后平均继承分割，现在却因朱女士和孙先生的偏爱让小孙子独享房产。于是，他们每天到小儿子家中吵闹，指责弟弟给老人灌了迷魂汤，哄骗老人将房子过户给小孙子。小儿子听后也十分无奈与委屈，他便主动找到律师寻求解决之法。

☞ 律师说法

多少人因为房子的事闹得家宅不宁，有的是兄弟反目成仇，有的是父子对簿公堂。为了避免财产争夺，老人也学会了未雨绸缪，不管是提前过户房产，还是临终前留下遗嘱，都是想通过法律途径保证财产归属的公正性。归根到底，钱是老人自己赚的，想怎么花、想给谁，那是他们的权利。因此老人健在的时候，当然能全权支配房屋的买卖和赠与，也就可以将房产赠与小孙子。

本案中，虽然子女们对老人赠与房产给小孙子的事不知情，但不影响朱女士和孙先生对自己财产的处分权，另外受赠的不动产已经完成了不动产产权转移登记手续的办理，完成了赠与手续，赠与合同已经生效。

相关法条

《民法典》

第六百五十七条 【赠与合同的概念】

赠与合同是赠与人将自己的财产无偿给予受赠人，受赠人表示接受赠与的合同。

第六百五十八条 【赠与的任意撤销及限制】

赠与人在赠与财产的权利转移之前可以撤销赠与。

经过公证的赠与合同或者依法不得撤销的具有救灾、扶贫、助残等公益、道德义务性质的赠与合同，不适用前款规定。

婚后房屋增值部分如何分割

现实生活中，婚前一方付首付购买商品房，房产证只登记购房人的名字，婚后用两个人的钱共同偿还贷款的情况比比皆是。夫妻关系稳定和睦还好说，一旦要离婚就会产生争议，尤其夫妻双方没有约定的时候，该套房屋是否属于夫妻共同财产？如果属于，房屋增值部分如何分割？

•••● 案例 ●•••

马先生在与刘女士结婚前贷款买了一套房子并办理了产权证，婚后二人共同偿还贷款。三年后双方离婚，刘女士想知道该处房屋能否作为共同财产进行分割。

按照相关法律规定，婚前一方以自己的名义付首付款买房，婚前首付通常被认定为该方的个人财产，但是对于婚后共同还贷的增值部分，应当按照夫妻共同财产进行分割。

婚后房屋增值部分的分割主要分为以下五种情况：

第一种，夫妻一方在婚前支付全部房款，将房屋产权登记在一方名下。首先该房产仅由房屋产权证上登记的一方享有房屋的产权。而该房产在婚后自然增值的部分，即随房价市场行情、通货膨胀等外界因素影响而增值的，认定为房产方的个人财产。

但如果房屋的增值是因为夫妻双方共同经营所致，例如，夫妻双方共同出资对房屋进行过装修，因装修而升值的部分应当被认定为夫妻共同财产。

第二种，夫妻一方在婚前支付首付款，并在银行按揭贷款，已将房屋产权登记在自己名下，婚后以夫妻共同财产还房贷。

夫妻一方支付首付款，法院一般都会认定该房产为该方个人房产，对双方共同还贷及其相对应的增值部分按夫妻共同财产进行分配。

第三种，夫妻一方在婚前签订购房协议，支付首付款并在银行按揭贷款，但是婚后取得房产证，房产只登记在支付首付款一方名下，婚后夫妻以共同财产还房贷。其处理方式同上一种情形。

由于我国的商品房预售制度的存在，房款支付与房屋产权证的办理之间可能存在较长的期间，但是支付全部房款后即取得房屋产权证是支付首付款一方的可期待权利，因此实践中仍将产权判归支付首付款的一方，而将夫妻共同还贷及增值部分看作共同财产。

第四种，一方婚前购买房屋，另一方婚前或者婚后在房产证上"加名"。在一方所有的房屋产权证上加上另一方的名字，应视为对另一方的赠与，且该赠与行为已经完成权属变更登记，属于生效的赠与。所以房产证上加名，则一方的婚前财产就变成了夫妻双方的共同财产，那么该房产的增值部分也是夫妻共同财产。

第五种，一方支付首付款并在银行按揭贷款，婚后双方一起还房贷，在夫妻离婚时仍未取得房屋产权证的，该情形主要出现在夫妻关系存续时间不长的婚姻中。这种情况法院一般要求当事人等对争议房屋取得所有权后，另行起诉。

相关法条

《民法典婚姻家庭编的解释（一）》

第二十六条 夫妻一方个人财产在婚后产生的收益，除孳息和自然增值外，应认定为夫妻共同财产。

第二十九条 当事人结婚前，父母为双方购置房屋出资的，该出资应当认定为对自己子女个人的赠与，但父母明确表示赠与双方的除外。

当事人结婚后，父母为双方购置房屋出资的，依照约定处理；没有约定或者约定不明确的，按照《民法典》第一千零六十二条第一款第四项规定的原则处理。

第七十七条 离婚时双方对尚未取得所有权或者尚未取得完全所有权的房屋有争议且协商不成的，人民法院不宜判决房屋所有权的归属，应当根据实际情况判决由当事人使用。当事人就前款规定的房屋取得完全所有权后，有争议的，可以另行向人民法院提起诉讼。

《民法典》

第六百五十八条 【赠与的任意撤销及限制】

赠与人在赠与财产的权利转移之前可以撤销赠与。

经过公证的赠与合同或者依法不得撤销的具有救灾、扶贫、助残等公益、道德义务性质的赠与合同，不适用前款规定。

婚后一方偷偷全款买房，算共同财产吗

婚姻最重要的不是财富，而是彼此之间的信任。一对夫妻如果不相互信任，那就很容易产生猜疑，而婚姻里一旦掺杂了猜疑，就容易发生悲剧。婚前恋爱是互有好感的两个人创造机会增加了解，而婚后信任是在之前了解、尊重的基础上越来越体贴对方、包容对方，并愿意长久坦诚相待。如果其中一个人不再坦诚，那就为这段婚姻埋下了隐患。

•●● 案例 ●●•

2011 年 5 月 19 日，王某（男）和张某（女）登记结婚，婚后未生育子女。双方婚后因琐事感情失和，于 2013 年上半年产生矛盾，并于 2014 年 2 月开始分居。

王某曾于 2019 年 3 月起诉要求与张某离婚，经法院驳回后，双方感情未见好转，在此期间王某用夫妻共同存款 40 万元偷偷买下一套房产，登记在自己名下。

2021 年 1 月，王某再次诉至法院要求离婚，并依法分割夫妻共同财产。王某称张某名下有共同存款 37 万元，张某称该 37 万元来源于婚前房屋拆迁补偿款及养老金，现尚剩余 20 万元左右。

张某称王某名下有房产价值 40 万元，但王某称其名下存款不足千元，名下并无房产。

法院调取的证据显示，王某于 2014 年 4 月 30 日通过转账及卡取的方式将 19.5 万元转至案外人名下，未对该转账行为进行合理解释说明，且王某 2014 年 3 月用夫妻共同存款 40 万元买下一套房产，故法院认定王某有转移财产的情节，故判决对于王某转移的 19.5 万元存款，由王某补偿张某 12 万元，同时，房产判归张某所有，由张某补偿王某 15 万元。

☞ **律师说法**

不难看出，原本一个很简单的离婚财产分割案，由于王某自作聪明，搬起石头砸了自己的脚，最终导致分割共同财产时偏向另一方的情况，所以，我建议所有涉及离婚纠纷的双方当事人，婚姻要好聚好散，不要想着占便宜，转移、隐瞒婚内财产，反而最终导致对自己不利。

相关法条

《民法典》

第一千零九十二条 【一方侵害夫妻财产的处理规则】

夫妻一方隐藏、转移、变卖、毁损、挥霍夫妻共同财产，或者伪造夫妻共同债务企图侵占另一方财产的，在离婚分割夫妻共同财产时，对该方可以少分或者不分。离婚后，另一方发现有上述行为的，可以向人民法院提起诉讼，请求再次分割夫妻共同财产。

第三章

离婚
如何正确维护自己的权益

13

离婚必知的法律基本常识

法院判决不离婚怎么办

随着社会发展，人们的思想也在发生变化，许多人对婚姻的追求也从搭伙过日子变成了心意相通、志趣相投等。于是，一些婚后相处不下去的夫妻纷纷选择离婚，导致近年来离婚率呈现不断上升趋势。只不过提出离婚容易，但真正离婚需要面临很多问题，比如分割财产、判定孩子抚养权等。如果起诉离婚后，法院判决不离该怎么办呢？

•·● 案例 ●·•

高女士与孟先生经人介绍认识，于 2010 年办理了结婚登记，2011 年生育一子。由于婚前缺乏了解，婚后夫妻感情长期不和睦，总是因家庭琐事争吵。2019 年 6 月 19 日，高女士向法院提起离婚诉讼，法官综合案情依法判决不准原被告双方离婚。

自 2019 年 10 月起，夫妻二人因感情不和一直分居，分居期间从没有任何联系。原告与被告夫妻感情已彻底破裂，为此高女士于 2021 年 2 月再次起诉至法院，要求与孟先生离婚。

法院认为，原、被告婚后因家庭琐事产生隔阂，导致夫妻感情发生变化，特别是高女士自 2019 年开始起诉被告离婚，在法院判决双方不准离婚后双方未在一起生活，夫妻感情未有改善，且自法院判决不准离婚后，双方分居满一年，现高女士再次起诉离婚，应认定其夫妻感情已经破裂，故原告要求与被告离婚的诉讼请求符合有关法律规定，法院予以支持。

☞ 律师说法

根据《民法典》新增的规定，"经人民法院判决不准离婚后，双方又分居满一年，一方再次提起离婚诉讼的，应当准予离婚"。也就是说，当事人初次离婚诉讼被法院驳回后，夫妻双方又持续分居满一年，互不履行夫妻义务，夫妻感情已无法挽回，之后夫妻一方再次提起离婚诉讼，说明当事人要求解除婚姻关系的意志很坚决，法院应认定夫妻感情已破裂，准予离婚。

另外，可以记住一个时间点，就是如果第一次起诉法院没判决离婚，那么坚持离婚的一方当事人可以等判决生效六个月后再次提起离婚诉讼。当然，如果原告有新的理由和事实，也可以在六个月内提起诉讼。

法律规定

《民法典》
第一千零七十九条 【诉讼离婚】
夫妻一方要求离婚的，可以由有关组织进行调解或者直接向人民法院提起离婚诉讼。

人民法院审理离婚案件，应当进行调解；如果感情确已破裂，调解无效的，应当准予离婚。

有下列情形之一，调解无效的，应当准予离婚：

（一）重婚或者与他人同居；

（二）实施家庭暴力或者虐待、遗弃家庭成员；

（三）有赌博、吸毒等恶习屡教不改；

（四）因感情不和分居满二年；

（五）其他导致夫妻感情破裂的情形。

一方被宣告失踪，另一方提起离婚诉讼的，应当准予离婚。

经人民法院判决不准离婚后，双方又分居满一年，一方再次提起离婚诉讼的，应当准予离婚。

《最高人民法院关于适用〈中华人民共和国民事诉讼法〉的解释》

第二百一十四条 原告撤诉或者人民法院按撤诉处理后，原告以同一诉讼请求再次起诉的，人民法院应予受理。

原告撤诉或者按撤诉处理的离婚案件，没有新情况、新理由，六个月内又起诉的，比照民事诉讼法第一百二十七条第七项的规定不予受理。

分居满两年会自动离婚吗

有人认为"夫妻分居满两年"就可以视为离婚，但这是一种错误认知，法律上根本不存在"自动解除婚姻关系"的概念。

离婚只有两种方式，一种是协议离婚，另一种是诉讼离婚。在诉讼离婚时可根据《民法典》规定的，"因感情不和分居满二年"的经法院调解无效，应准予离婚，但该分居有条件限制，并非大众理解的夫妻婚后不住在一起那么简单。不仅要证明"分居满二年"，而且还要证明因感情不和而分居，这都是很难的！下面我们根据具体的案例进行分析和解答。

•·● 案例 ●·•

王某（女）与张某（男）于 2000 年 9 月经人介绍相识、恋爱，于 2000 年 10 月 15 日结婚登记。婚后生育一女张甲、一子张乙，现均已成年。

在共同生活中，两人婚初感情较好，近几年来，原告王某在家抚养子女，被告张某在外务工，双方聚少离多，原告王某遂以夫妻感情破裂为由诉至法院，要求与被告张某离婚。王某觉得两人性格不合，常因家庭琐事产生争执，相处起来十分困难，夫妻感情破裂。同时，王某拿着村干部出具的证明，证明两人已分居超过两年，夫妻关系名存实亡，希望能够解除婚姻关系。

法院经审理认为，王某与张某的婚姻关系合法、有效，而王某提供的证据不能证明其主张的"因感情不和而分居满两年"，因此对该事实法院不予采信。他们两人因聚少离多产生的关系裂痕，可以通过加强沟通得到缓和，最后判决不准予原告王某与被告张某离婚。

☞ 律师说法

上述案例也能证明分居满两年不会自动离婚。

本案是诉讼离婚，其主要争议在于双方的感情是否已经破裂，分居是否满两年，以及分居的原因是什么。

我们可以看到，案例中是因为张某外出务工导致的两地分居，他务工的目的是赚钱养家，把子女抚养成人，属于为生计与妻子分居，不是因感情不和而分居。这是客观原因造成的夫妻分居，不符合"因感情不和分居"的法定提出离婚的理由。

相关法条

《民法典》

第一千零七十八条 【婚姻登记机关对协议离婚的查明】

婚姻登记机关查明双方确实是自愿离婚，并已经对子女抚养、财产以及债务处理等事项协商一致的，予以登记，发给离婚证。

第一千零七十九条 【诉讼离婚】

夫妻一方要求离婚的，可以由有关组织进行调解或者直接向人民法院提起离婚诉讼。

人民法院审理离婚案件，应当进行调解；如果感情确已破裂，调解无效的，应当准予离婚。

有下列情形之一，调解无效的，应当准予离婚：

（一）重婚或者与他人同居；

（二）实施家庭暴力或者虐待、遗弃家庭成员；

（三）有赌博、吸毒等恶习屡教不改；

（四）因感情不和分居满二年；

（五）其他导致夫妻感情破裂的情形。

一方被宣告失踪，另一方提起离婚诉讼的，应当准予离婚。

经人民法院判决不准离婚后，双方又分居满一年，一方再次提起离婚诉讼的，应当准予离婚。

夫妻一方下落不明如何申请离婚

　　离婚起诉是不是必须当事人到场？如果夫妻一方下落不明，还有没有办法办理离婚？可能会有人奇怪怎么会有这样的问题，但现实中的确有一些人正被类似的问题困扰着。

·•● 案例 ●•·

　　刘某（女）和张某（男）结婚两年后，张某因工作关系去国外打拼。起初，张某每周会和家里联系，聊一下自己的生活情况，逢年过节也会给家里置办东西。

　　但在四年前，张某开始很少和家里联系。妻子刘某已经两年多没有接到张某的电话了，其间张某也没有回过国，刘某经过多方寻找也没联系到张某，没有接到任何关于张某的讯息。刘某之后便去法院申请宣告张某失踪。如今分居多年，她想和张某离婚，那么她可以向法院提起离婚诉讼吗？

☞ 律师说法

　　本案中的刘某是可以起诉离婚的，为了消除因自然人长期下落不明造成的不利影响，我国法律设立了宣告失踪制度，宣告失踪是指自然人离开自己的住所，下落不明达到法律期限，经利害关系人申请，由人民法院宣告其为失踪人的法律制度，以便保护失踪人与相对人的财产权益。法律规定，公民下落不明满两年的，经利害关系人向法院申请，可以宣告已经失踪。上述案子中，张某已经被宣告失踪，因此对于刘某的离婚诉讼，法院应当判决准予离婚。

相关法条

《民法典》

第一千零七十九条 【诉讼离婚】

　　夫妻一方要求离婚的，可以由有关组织进行调解或者直接向人民法院提起离婚诉讼。人民法院审理离婚案件，应当进行调解；如果感情确已破裂，调解无效的，应当准予离婚。

　　有下列情形之一，调解无效的，应当准予离婚：

　　（一）重婚或者与他人同居；

　　（二）实施家庭暴力或者虐待、遗弃家庭成员；

　　（三）有赌博、吸毒等恶习屡教不改；

　　（四）因感情不和分居满二年；

　　（五）其他导致夫妻感情破裂的情形。

　　一方被宣告失踪，另一方提起离婚诉讼的，应当准予离婚。

经人民法院判决不准离婚后，双方又分居满一年，一方再次提起离婚诉讼的，应当准予离婚。

《最高人民法院关于适用〈中华人民共和国民事诉讼法〉的解释》

第二百一十七条 夫妻一方下落不明，另一方诉至人民法院，只要求离婚，不申请宣告下落不明人失踪或者死亡的案件，人民法院应当受理，对下落不明人公告送达诉讼文书。

怀孕、分娩期间的离婚

夫妻感情确认破裂后，双方可以选择离婚，但有些特殊情况法律却不会批准离婚请求。比如，为了保护妇女和儿童的身心健康，在女方怀孕期间、分娩一年内、终止妊娠后六个月内，根据《民法典》的规定，男方不得提出离婚请求。当然，由女方提出离婚或者人民法院认为确有必要受理男方离婚请求的情况除外。

•••● 案例 ●•••

李某（男）与程某（女）在北京打工多年，于 2017 年经媒人介绍认识登记结婚。婚后双方共同住在李某所在工厂宿舍，由于双方性格不合，婚前对彼此的了解不够，婚后经常因为琐事发生争吵甚至动手，后李某向人民法院起诉，称夫妻感情确已破裂，且没有和好的可能性，请求判决离婚。

程某收到传票后，向受诉法院寄去几份当地人民医院开具的化验报告单、诊断证明书、B 超报告单，证实其已经怀孕。

法院经过审理，认为被告程某向本院提供了怀孕的证据，原告李某没有合法有效证据予以否定，根据我国相关法律的规定，男方在女方怀孕期间不得提出离婚，遂判决驳回李某的诉讼请求。

　　李某与程某的经历再次证明，恋爱期间要多了解对方，不要一拍脑袋就决定结婚。恋爱时选择分手相对容易，结婚后再去离婚却复杂很多。因为婚姻代表着承诺，也意味着责任。婚后李某发现跟程某性格不合，感情破裂，可他向人民法院提起诉讼离婚时，程某已经怀孕，根据法律规定，女方在怀孕期间、分娩后一年内或终止妊娠后六个月内，男方不得提出离婚。

　　因为女方在怀孕期间，身体和心理都处在调理、休养等特殊时期，腹中胎儿也处于发育时期。当然，在此期间只是限制和延缓了男方的离婚请求权，不是剥夺了男方的离婚请求权。这种限制和延缓也不是绝对的，如果人民法院认为"确有必要"也可以受理并判决离婚，只是实践中这种判决案例非常少。

相关法条

《民法典》

第一千零八十二条 【男方提出离婚的限制情形】

　　女方在怀孕期间、分娩后一年内或者终止妊娠后六个月内，男方不得提出离婚；但是，女方提出离婚或者人民法院认为确有必要受理男方离婚请求的除外。

结婚证被对方藏起来了如何离婚

一般情况下，两个人决定离婚时，通常都选择更方便、快捷的协议离婚。而办理协议离婚需要双方携带户口本、身份证、结婚证、免冠照片和双方共同签署的离婚协议书等证件和文本，然后去民政局窗口走初审、受理、审查、登记等程序。没有结婚证或结婚证丢失的，双方也可以向原办理婚姻登记的机关或者其中一方常住户口所在地的婚姻登记机关申请补领。可见结婚证在办理离婚时也是比较重要的，但如果一方恶意隐藏结婚证，难道就离不了婚了吗？

•••● 案例 ●•••

　　陈某（女）与张某（男）结婚三年，意外发现张某出轨了。陈某打算和张某离婚，但对方一直不愿意，其间反复道歉，许诺自己一定会跟第三者断绝联系，回归家庭。

　　虽然陈某不舍三年的感情，不忍心放弃一段认真付出过的婚姻，但她无法接受张某出轨的事实，于是，将离婚协议书签好字送到对方面前。可是，张某拿到离婚协议书后气急败坏，坚决不肯离婚，还把两人的结婚证藏了起来。陈某离婚无门，无奈之下向律师求助。

按照前面所说，结婚证是办理离婚手续的必备材料。如果一方恶意隐藏结婚证，不同意离婚，另一方可以通过诉讼进行离婚。

结婚证是证明婚姻关系存续最直接的证明，但不是唯一的证明，如果离婚时确实没有结婚证，申请离婚一方也可以拿着自己的身份证去民政局，向民政局说明情况，同时提出调取婚姻关系证明的申请。如果婚姻登记机关不予出具婚姻登记记录的证明，还可以向婚姻登记档案保管部门查阅并复印婚姻登记档案。

有强烈离婚意愿的一方拿到上述婚姻关系证明后，带着离婚起诉状、身份证以及能够证明夫妻感情确已破裂的一系列证据到人民法院起诉立案就可以了。对方把结婚证藏起来也不能阻止离婚，不必因此太担心。

相关法条

《婚姻登记条例》

第十条 内地居民自愿离婚的，男女双方应当共同到一方当事人常住户口所在地的婚姻登记机关办理离婚登记。

中国公民同外国人在中国内地自愿离婚的，内地居民同香港居民、澳门居民、台湾居民、华侨在中国内地自愿离婚的，男女双方应当共同到内地居民常住户口所在地的婚姻登记机关办理离婚登记。

第十一条 办理离婚登记的内地居民应当出具下列证件和证明材料：

（一）本人的户口簿、身份证；

（二）本人的结婚证；

（三）双方当事人共同签署的离婚协议书。

办理离婚登记的香港居民、澳门居民、台湾居民、华侨、外国人除应当出具前款第（二）项、第（三）项规定的证件、证明材料外，香港居民、澳门居民、台湾居民还应当出具本人的有效通行证、身份证，华侨、外国人还应当出具本人的有效护照或者其他有效国际旅行证件。

离婚协议书应当载明双方当事人自愿离婚的意思表示以及对子女抚养、财产及债务处理等事项协商一致的意见。

第十七条 结婚证、离婚证遗失或者损毁的，当事人可以持户口簿、身份证向原办理婚姻登记的机关或者一方当事人常住户口所在地的婚姻登记机关申请补领。婚姻登记机关对当事人的婚姻登记档案进行查证，确认属实的，应当为当事人补发结婚证、离婚证。

离婚冷静期让离婚更难了吗

从 2021 年 1 月 1 日起，离婚程序新增了冷静期。从某种意义上讲，离婚率逐年增高是社会现代化、都市化的伴生现象，而离婚冷静期的设置是为了阻止随之产生的闪婚闪离。那么，离婚冷静期真的让离婚更难了吗？

●•● **案例** ●•●

张女士和史先生自由恋爱并于 2006 年结婚，婚后不久生下女儿。之后因为家庭琐事，夫妻时常发生矛盾争吵，史先生甚至殴打过张女士。

2019 年史先生的一套承租房动迁后，分得郊区安置房，产证为夫妻和女儿的名字，余下 100 多万元动迁款由史先生保管。此后，夫妻两人的争吵更加严重，史先生多次夜不归宿，夫妻双方经常把离婚挂在嘴边。张女士情绪每况愈下，还因此得了抑郁症，不得不放弃工作。

2021 年 1 月 7 日，夫妻双方前往民政局办理离婚手续。根据新规定，两人需要度过一个月的离婚冷静期。2021 年 2 月 8 日，双方离婚冷静期已满 30 天，男方提出与女方一同去民政局申领离婚证，双方顺利办理离婚。

☞ 律师说法

《民法典》规定协议离婚需要三十日的冷静期，是为了防止草率离婚、冲动离婚。如果双方是自愿离婚，其实只是多了一道手续，不会干涉当事人的离婚自由，真正想离婚的人也不会因此离不了婚。

比如，《民法典》实施以前，协议离婚的夫妻去一次民政局，就可以拿到离婚证；但现在有了离婚冷静期，协议离婚的夫妻需要共同前往民政局两次，才能拿到离婚证。

第一次是离婚登记申请，经过三十日的冷静期后，夫妻俩再一起去民政局领离婚证。超过三十日未去的，视为撤回离婚登记申请。这三十日时间内，任何一方不愿意离婚的，可以撤回离婚登记申请。需要注意的是，离婚冷静期适用于夫妻双方协议离婚的情况，不包含起诉离婚的情况。

相关法条

《民法典》

第一千零七十七条 【离婚冷静期】

自婚姻登记机关收到离婚登记申请之日起三十日内，任何一方不愿意离婚的，可以向婚姻登记机关撤回离婚登记申请。

前款规定期限届满后三十日内，双方应当亲自到婚姻登记机关申请发给离婚证；未申请的，视为撤回离婚登记申请。

离婚时能查对方银行流水吗

离婚时多半要涉及财产分割，俗话说，害人之心不可有，防人之心不可无，对于已经决定分道扬镳的昔日夫妻，还是要防范对方转移财产、隐瞒收入等情况，因此有人想到查看对方银行流水，只是又担心这样做会侵犯对方隐私权。那么，在离婚时如何合法查对方银行流水呢？

王某（女）与林某（男）结婚三年，王某一直抱怨林某不懂勤俭节约，整天在外面乱花钱，每个月的花销都要两三万元，这样花下去，之前辛辛苦苦攒的一点儿钱都要被败光了。王某问林某，他把钱都花在哪儿了，林某说请客户吃饭了。

但王某并不相信林某的回答，还通过查看林某的手机发现他与女同事暧昧不清，并经常转账给那位女同事。

为此，王某与林某争吵不休，最后两人决定离婚。王某认为林某用夫妻共同财产给女同事转账，损害了自己的利益。由于离婚需要分割财产，于是王某想通过查看林某的银行卡流水证明林某的出轨行为，并为自己争取更多的财产赔偿。

　　虽说离婚时分割的婚后财产属于夫妻共同财产，夫妻具有平等的管理和处理权，但是法律没有赋予一方随意检查另一方银行账号的权利。除了本人能查看账户信息，根据银行法规定，银行一般只向公安机关、检察机关、法院法官提供账户信息和流水信息。为了保护个人财产信息的安全，哪怕是夫妻关系，银行也不会调取银行流水。

　　离婚时，如果一方怀疑另一方转移了银行存款，为了保护自己的合法权益，可以向法院提起诉讼，要求法院分割财产。然后申请法官去调查对方的银行流水情况，因为法官才有权利去银行调查流水。如果你不主动申请，法官也不会为了你的财产权益去调查对方。

　　记住，在申请法院调查前，当事人要自行调查搜集到对方的银行存折或银行卡，并记录下对方的开户行及银行账号，然后可以委托律师或者自己去申请法院依法调取银行流水信息，进而分析对方转移、隐匿夫妻共同财产的情况。

相关法条

《中华人民共和国商业银行法》

　　第二十九条 商业银行办理个人储蓄存款业务，应当遵循存款自愿、取款自由、存款有息、为存款人保密的原则。

　　对个人储蓄存款，商业银行有权拒绝任何单位或者个人查询、冻结、扣划，但法律另有规定的除外。

《民事诉讼法》

　　第六十七条 当事人对自己提出的主张，有责任提供证据。

当事人及其诉讼代理人因客观原因不能自行收集的证据，或者人民法院认为审理案件需要的证据，人民法院应当调查收集。

人民法院应当按照法定程序，全面地、客观地审查核实证据。

第七十条 人民法院有权向有关单位和个人调查取证，有关单位和个人不得拒绝。

人民法院对有关单位和个人提出的证明文书，应当辨别真伪，审查确定其效力。

《中华人民共和国律师法》

第三十五条 受委托的律师根据案情的需要，可以申请人民检察院、人民法院收集、调取证据或者申请人民法院通知证人出庭作证。

律师自行调查取证的，凭律师执业证书和律师事务所证明，可以向有关单位或者个人调查与承办法律事务有关的情况。

离婚时如何防止对方转移财产

其实，我在前面曾提到过如何防止婚姻存续期内一方转移或隐藏财产，有些人以为那是未雨绸缪，感觉那样是保障自己的利益，实际上这种行为是以损害另一方的权益为前提的，十分自私。

而在离婚时故意转移或隐匿财产的行为则更加危险，最终有可能偷鸡不成蚀把米。不过，还是要提醒大家平时做个有心人，不要完全不清楚家庭财产状况和资金流向，如果发现对方有异常举动，也要及时制止或先下手为强。

•• ● 案例 ● ••

刘女士和王先生 2018 年登记结婚，婚后育有一子。2020 年两人开始因为感情不和分居闹离婚，但是还共同抚养孩子。近期刘女士发现王先生把他在公司的股份偷偷转让给了公公婆婆。

这家公司本是二人婚后成立的，刘女士一开始也是公司财务负责人，只是怀孕生子后，她为了方便照顾孩子就放下公司的事务，回归家庭负责带孩子了。但她没有想到老公早早把股份转给了公公婆婆，这时候刘女士该怎么办呢？她要如何防范王先生继续转移房产、车辆和存款等财产？

☞ 律师说法

夫妻婚后的所有收入都属于夫妻共同财产，财产转移是违法行为。

一、如何防止离婚一方转移财产呢？

1.不要把财权交给一个人。夫妻之间平时过日子不可能算得那么清楚，很可能是把钱放在一起花，其中一个人负责打理财产。但在发觉两个人夫妻关系将破裂时，为了防止一方转移财产，最好开始一起管理财产，如果发现一方擅自处理夫妻共同财产，另一方要及时制止。

2.财产公证或协议

为了预防因离婚引起的财产纠纷，最好的办法是进行财产约定。夫妻双方进行财产约定时，不仅要约定婚前财产，还应对婚姻关系存续期间的财产以及离婚时财产如何分割进行约定。这样能避免两人因财产问题产生矛盾。当然，夫妻双方也可通过订立书面协议，私下约定婚前个人财产和婚后共同财产的归属。这些都是重要的证明，可以帮助两人解除后顾之忧。

3.夫妻对存款设联名账户

由于转移现金很难取证，因此夫妻可对存款设联名账户，防止对方擅自转移。

4.可向法院申请财产保全

如果还未起诉或已起诉，发现另一方已转移、变卖、毁损财产，可向法院申请财产保全。不过，申请人需要对申请保全的财产提供具体线索，比如银行卡账号、证券账户、资金账号等。这也要求申请人做个清醒明白的人，不要结了婚就什么都不管了，把一切交给对方打理。

二、离婚一方已经转移了财产怎么办？

像前面说的，在起诉离婚时，一方已经就夫妻共同财产向法院申请了财产保全，法院也做出了财产保全的裁定，同时，对夫妻共同财产进行了查封、扣押或将财产责令其保管，而另一方仍然实施隐藏、转移、变卖、毁损的行为。这时人民法院可以根据情节轻重予以罚款、拘留；构成犯罪的，还可以依法追究刑事责任。

相关法条

《民法典》

第一千零九十二条【一方侵害夫妻财产的处理规则】

夫妻一方隐藏、转移、变卖、毁损、挥霍夫妻共同财产，或者伪造夫妻共同债务企图侵占另一方财产的，在离婚分割夫妻共同财产时，对该方可以少分或者不分。离婚后，另一方发现有上述行为的，可以向人民法院提起诉讼，请求再次分割夫妻共同财产。

离婚协议能反悔吗

　　离婚协议是夫妻双方自愿离婚的意思表示以及对子女抚养、财产分割等事项协商一致做出的意见，可以自己起草，也可以请律师或公证员帮忙起草。如果夫妻双方签订离婚协议后又不想离婚，或对协议中财产分割、子女抚养等内容不满，想要反悔，那么能否撤销已签订的离婚协议呢？

　　佟女士与徐先生于 2009 年去民政局办理了登记结婚。佟女士购买了一套房屋，产权登记在佟女士名下。后因感情不和，双方于 2014 年在婚姻登记处办理了离婚登记，并签订了离婚协议书。协议约定：房屋归徐先生所有，该房屋贷款由徐先生偿还。

　　随后，徐先生偿还房贷 9 万余元。徐先生要求佟女士履行产权过户手续时，佟女士拒绝办理，并诉至法院，以欺诈、显失公平为由，要求撤销该离婚协议，重新分割夫妻共同财产。

离婚协议书因为涉及身份关系，所以不受《民法典》合同编的调整。通常情况下，双方签订的离婚协议是合法有效的。

当然，也有一些例外情况，比如，一方存在欺诈、胁迫行为，使对方做出违背自己真实意思表示的行为，这时被欺诈方可以向法院诉讼对夫妻共同财产重新进行分割。

不过，主张被欺诈、胁迫的一方负有举证责任。这种举证极其困难，即使是从事法律工作的专业人士也很难举证。如果不能证明签署离婚协议时有欺诈、胁迫的情形，则认定为双方签署时意思表示一致，离婚协议合法有效，对夫妻双方均具有法律约束力。

另外，离婚协议书属于附条件生效的协议，以"离婚"为生效条件。如果两个人离了婚，那协议内容就有效；如果两个人还没有离婚，那条件不成立，协议不能生效，这时是可以反悔的。

相关法条

《民法典》

第一千零七十六条【协议离婚】

夫妻双方自愿离婚的，应当签订书面离婚协议，并亲自到婚姻登记机关申请离婚登记。

离婚协议应当载明双方自愿离婚的意思表示和对子女抚养、财产以及债务处理等事项协商一致的意见。

《民法典婚姻家庭编的解释（一）》

第七十条 夫妻双方协议离婚后就财产分割问题反悔，请求撤销财产分割协议的，人民法院应当受理。

人民法院审理后，未发现订立财产分割协议时存在欺诈、胁迫等情形的，应当依法驳回当事人的诉讼请求。

签署离婚协议的注意事项

夫妻双方在决定离婚后，对于签署的离婚协议应当严肃、慎重，这份协议直接关系到夫妻双方因离婚而引起的权利义务，也将影响以后的生活。不过，有一些人在签订离婚协议后，对其中一些内容不满，想要撤销，但因为双方已经解除婚姻关系，反悔的一方想要撤销的难度较大。那么，在签署离婚协议时应该注意哪些问题呢？

☞ 律师说法

有人可能会想，如果自己真要用到离婚协议，随便找一份离婚协议范本就可以了，既然其他人能用，那自己也可以用。但每对夫妻要约定的内容和协议的细节总会有些不同，同时，当事人要仔细确认将要签署的离婚协议，建议可以从以下八个方面入手。

1. 要审查离婚的主体，夫妻双方是否属于无民事行为能力人，或属于限制民事行为能力人。如果是，那么，签署的离婚协议将存在无效或被撤销的风险。

2. 离婚协议约定的内容一定要符合法律法规，不能采用欺诈、胁迫、暴力等手段强迫或欺骗另一方签署，同时不能约定处分他人的财产。

比如，夫妻双方约定了处分父母名下的财产，这种约定不一定会导致协议整体内容无效或被撤销，但这项单独的条款是无效或可撤销的。

3.财产约定非常重要，包含房产、车辆、存款、股权、债权、债务等。我们以房产为例，经双方协商后，房产所有权归男方所有，男方应向女方支付多少钱的补偿。那么，在补偿款的支付问题上，也要进行详细约定，比如，何时付款，如果违约怎么办？不然，不利于保护女方的合法权益。

4.约定另一方迁移户口的时间，逾期或拒绝协助过户的，应支付违约金。

在这里需要特别指出，目前的司法实践中，人民法院不会受理强行责令对方迁移户口的诉讼请求。

5.协议离婚后，尽早对涉案房产进行过户。如果房产证上是夫妻双方的名字，夫妻一方去房管局办理房产证变更手续时，房管局通常不予办理。夫妻双方必须同时去现场，才能办理房产证变更手续。

6.关于探视权的约定要具体明确，万一抚养孩子的一方利用约定不明确的漏洞，阻挠另一方的探视权，很可能不知如何解决。如果约定相对明确，那么在一方不配合的情况下，可以到人民法院提起诉讼。

7.婚后育有孩子的夫妻，在签订离婚协议时，都会约定好抚养权、抚养费，但最好明确到对方不付抚养费的情况，例如可以约定按日计算违约金、追讨抚养费所产生的律师费、公证费等各项费用，加大对方违约成本。

8.在夫妻共同财产方面，除了确认房产、存款等内容，也要明确各自名下有无债务，有多少债务，以便日后诉讼作为相应的证据。

相关法条

《民法典》

第一千零八十五条 【离婚后子女抚养费的负担】

离婚后，子女由一方直接抚养的，另一方应当负担部分或者全部抚养费。负担费用的多少和期限的长短，由双方协议；协议不成的，由人民法院判决。

前款规定的协议或者判决，不妨碍子女在必要时向父母任何一方提出超过协议或者判决原定数额的合理要求。

第一千零八十六条 【探望子女的权利】

离婚后，不直接抚养子女的父或者母，有探望子女的权利，另一方有协助的义务。

行使探望权利的方式、时间由当事人协议；协议不成的，由人民法院判决。

父或者母探望子女，不利于子女身心健康的，由人民法院依法中止探望；中止的事由消失后，应当恢复探望。

第一千零八十七条 【离婚时夫妻共同财产的处理】

离婚时，夫妻的共同财产由双方协议处理；协议不成的，由人民法院根据财产的具体情况，按照照顾子女、女方和无过错方权益的原则判决。

对夫或者妻在家庭土地承包经营中享有的权益等，应当依法予以保护。

第一千零八十九条 【离婚时夫妻共同债务的清偿】

离婚时，夫妻共同债务应当共同偿还。共同财产不足清偿或者财产归各自所有的，由双方协议清偿；协议不成的，由人民法院判决。

《民法典婚姻家庭编的解释（一）》

第六十九条 当事人达成的以协议离婚或者到人民法院调解离婚为条件的财产以及债务处理协议，如果双方离婚未成，一方在离婚诉讼中反悔的，人民法院应当认定该财产以及债务处理协议没有生效，并根据实际情况依照《民法典》第一千零八十七条和第一千零八十九条的规定判决。

当事人依照《民法典》第一千零七十六条签订的离婚协议中关于财产以及债务处理的条款，对男女双方具有法律约束力。登记离婚后当事人因履行上述协议发生纠纷提起诉讼的，人民法院应当受理。

无效婚姻和可撤销婚姻有哪些

婚姻有合法婚姻、无效婚姻和可撤销婚姻。现代婚姻家庭制度的首要功能就是保障婚姻家庭的稳定，只有千万个小家庭稳定，才能构建和谐社会。《民法典》规定，出现重婚、有禁止结婚的亲属关系和未到法定婚龄情形的婚姻，可以认定为无效婚姻。

•••● 案例 ●•••

陈某（女）和齐某（男）于 2009 年登记结婚，同年生育一子齐小某。2015 年陈某发现齐某竟然跟一王姓女子同居，陈某多次找齐某和王某，并说明自己是齐某的合法妻子。但令人没想到的是，齐某竟然在 2016 年与王某登记结婚。陈某认为齐某的行为，符合重婚罪要件，已构成重婚罪。于是陈某向法院提起诉讼，起诉离婚，并状告齐某犯重婚罪。

齐某辩称，自己与陈某属无效婚姻，因当时被告人尚不到法定结婚年龄，他们向婚姻登记机关出具的出生年月日材料不真实，因此其行为不构成重婚罪。

法院审理后认为，被告齐某与陈某结婚时虽未达到法定婚龄，但至陈某起诉离婚时，双方均已达到法定婚龄，符合结婚全部实质要件，已经形成一种较稳定的事实上的婚姻关系，应视该婚姻有效。被告人齐某明知自己有配偶却与他人结婚的行为已构成重婚罪。重婚违反了《民法典》规定的一夫一妻原则，法律上规定为无效婚姻。因此，齐某与王某的婚姻才是无效婚姻。

☞ 律师说法

"天下之事，不难于立法，而难于法之必行"，可以说，有效执法是法律的生命力之所在，《民法典》也是如此，要力求维护婚姻家庭领域的司法公正。

我们如何判断哪些是无效婚姻呢？其实，无效婚姻刚好跟合法婚姻相反，就是指那些不具有法律效力的婚姻，指男女两性因为违反了法律规定的结婚要件而不具有法律效力的违法结合。比如，重婚、未到法定婚龄、有禁止结婚的亲属关系。

可撤销婚姻是指当事人因意思表示不真实而成立的婚姻，或者当事人成立的婚姻在结婚的要件上有欠缺，有撤销权的当事人可以通过行使撤销权，使已经发生法律效力的婚姻关系失去法律效力。

相关法条

《民法典》

第一千零五十一条 【婚姻无效的情形】

有下列情形之一的，婚姻无效：

（一）重婚；

（二）有禁止结婚的亲属关系；

（三）未到法定婚龄。

第一千零五十二条 【受胁迫婚姻的撤销】

因胁迫结婚的，受胁迫的一方可以向人民法院请求撤销婚姻。

请求撤销婚姻的，应当自胁迫行为终止之日起一年内提出。

被非法限制人身自由的当事人请求撤销婚姻的，应当自恢复人身自由之日起一年内提出。

第一千零五十三条 【隐瞒重大疾病的可撤销婚姻】

一方患有重大疾病的，应当在结婚登记前如实告知另一方；不如实告知的，另一方可以向人民法院请求撤销婚姻。

请求撤销婚姻的，应当自知道或者应当知道撤销事由之日起一年内提出。

第一千零五十四条 【婚姻无效或被撤销的法律后果】

无效的或者被撤销的婚姻自始没有法律约束力，当事人不具有夫妻的权利和义务。同居期间所得的财产，由当事人协议处理；协议不成的，由人民法院根据照顾无过错方的原则判决。对重婚导致的无效婚姻的财产处理，不得侵害合法婚姻当事人的财产权益。当事人所生的子女，适用本法关于父母子女的规定。

婚姻无效或者被撤销的，无过错方有权请求损害赔偿。

离婚的十大注意事项

在离婚常识这一章节，我们着重讲解了离婚相关的法律知识。或许有人感觉内容过多，不容易抓取重点，那么，我就在这一篇做个简单的总结，为大家画一画重点，帮助大家确认离婚时最应该注意的十个点。

第一点，关于协议离婚的条件。

1. 离婚的当事人双方应当具有合法的夫妻关系；

2. 申请离婚的当事人双方应是自愿的；

3. 双方应当签订书面离婚协议；

4. 双方亲自到婚姻登记机关申请离婚登记；

5. 双方应对子女抚养、财产问题和债务等事项协议一致；

6. 一方或者双方不是限制民事行为能力或无民事行为能力人。

第二点，离婚冷静期。

在《民法典》颁布生效后，协议离婚的程序中多了一项离婚冷静期，就说自婚姻登记机关收到夫妻双方递交的离婚登记申请之日起三十日内，任何一方不愿意离婚的，可以向婚姻登记机关撤回离婚登记申请。满三十日后，双方须亲自到婚姻登记机关继续申请离婚证，如果双方没有亲自去申请离婚证，则视为撤回离婚登记申请。

离婚冷静期的目的是给离婚的双方一段冷静思考的时间，想清楚是不是真的要离婚，避免草率离婚。

第三点，男方不得提出离婚的情况。

根据《民法典》第一千零八十二条规定，"女方在怀孕期间、分娩后一年内或者终止妊娠后六个月内，男方不得提出离婚；但是，女方提出离婚或者人民法院认为确有必要受理男方离婚请求的除外"。该条款只是在一定的时间段内限制了男方离婚起诉的权利，但并不是剥夺该权利，是为保护妇女、儿童的身心健康做的规定。

第四点，法院认定夫妻感情确已破裂的情形。

根据《民法典》第一千零七十九条规定："有下列情形之一的，经调解无效，认定夫妻感情确已破裂：1.重婚或有配偶者与他人同居；2.实施家庭暴力或虐待、遗弃家庭成员的；3.有赌博、吸毒等恶习屡教不改的；4.因感情不和分居满二年的；5.其他导致夫妻感情破裂的情形。"也就是说，只要有以上情形中一种或几种的，经法院调解无效，就会认定感情破裂，可判定离婚。

第五点，夫妻共同债务的认定。

关于夫妻共同债务的认定有三种情况：第一种，婚姻关系存续期间，以夫妻双方的名义，为夫妻共同生活所负的债务；第二种，婚姻关系存续期间夫妻一方以个人名义所负债务，一般是按夫妻共同债务处理，但夫妻一方能够证明债权人与债务人明确约定为个人债务，或者能够证明夫妻对婚姻关系存续期间所得的财产约定归各自所有，且债权人知道该约定的，为夫妻一方的个人债务；第三种，一方婚前所负个人债务，一般为个人债务，但是债权人能够证明一方婚前所负债务用于婚后家庭共同生活的，为夫妻共同债务。

第六点，房产的处理。

如果该房产已经确定是夫妻共同共有，双方都想得到房子，法院一般会考虑到以下因素判决：第一，谁抚养孩子，一般情况下，孩子归谁抚养，房子判归谁的可能性会较大；第二，如果对方有重婚、同居、暴力、遗弃或其他重大过错的情形，己方判得房子的可能性比较大；第三，如果双方条件相同，又没有孩子，法院还可能采用竞价方式解决房屋归属，即把房屋判给出价最高的一方，另一方拿取折价款。

第七点，孩子的抚养问题。

婚姻关系的解除，不能消除父母与子女直接的血缘关系。离婚后，父母对子女仍然有抚养、教育、保护的权利和义务。

根据《民法典》第一千零八十四条规定："父母与子女间的关系，不因父母离婚而消除。离婚后，不满两周岁的子女，母亲直接抚养为原则。已满两周岁的子女，父母双方对抚养问题协议不成的，由人民法院根据双方的具体情况，按照有利于未成年子女的原则判决。子女满八周岁的，应当尊重其真实意愿。"

第八点，子女抚养费的给付。

子女抚养费的数额，可根据子女的实际需要、父母双方的负担能力和当地的实际生活水平确定。

"有固定收入的，抚养费一般可以按其月总收入的百分之二十至三十的比例给付。负担两个以上子女抚养费的，比例可以适当提高，但一般不得超过月总收入的百分之五十。无固定收入的，抚养费的数额可以依据当年总收入或者同行业平均收入，参照上述比例确定。有特殊情况的，可以适当提高或者降低上述比例。"

第九点，认定"第三者"的关键证据。

很多离婚案件都涉及婚外情问题，要想认定对方有过错，一定要注意收集以下五种证据：

第一种是"保证书""道歉书"等，如果对方因婚外情曝光，情急之下写了表示悔改的书面证据，一定要仔细保存。

第二种是嫖娼事件等，通常有警方介入，警方的笔录也可以作为证据。

第三种是单位查实职工婚外情的文字材料，有些单位会处理员工生活作风问题，并发布相关处理文字。

第四种是双方来往的书信、短信、电子邮件等，除了书面证据，像短信、电子邮件等内容也要先做公证，再提交给法院。

第五种是捉奸在床的证据，我们之前也提到过这类证据收集起来难度很大，可拍照、摄像等，但需要注意不能侵犯他人隐私权。

第十点，诉讼离婚的条件。

关于诉讼离婚，首先是经调解无效，确定夫妻感情已经破裂，没有和好的可能性，这是人民法院判决是否离婚的核心。其次，人民法院主要针对当事人提出的离婚请求和理由进行审查，然后根据实际情况及证据，做出判决准予离婚或驳回离婚的诉讼请求。

14

离婚时如何进行财产分割

先提出离婚，要赔偿对方吗

有种说法叫"谁先提出离婚，谁就要在财产分割上吃亏"，实际是法律上并没有此类规定，法律是不允许草率离婚的，但不意味着谁先提离婚谁就要赔偿对方。

•••● 案例 ●•••

小惠（女）和小彭（男）恋爱一年后办理了结婚手续，婚后育有一子。原本幸福美满的家庭，因小彭经常酗酒、夜不归宿导致夫妻感情破裂。小惠多次沟通无果后，向小彭提出离婚，但小彭不同意，并声称夫妻双方有互相扶持和忠诚的义务，不能提出离婚，先提出离婚的一方要给予赔偿 10 万元。小彭还提出，因为离婚不是他提出的，如果要他同意离婚，孩子的抚养权需归小惠所有，但他不需要支付抚养费。

小惠认为双方的感情已经没有挽回余地，但拿不出 10 万元费用，对此，小彭与小惠协商无果，小惠找到律师寻求咨询救助。那么，小惠需不需要为先提出离婚而赔偿小彭 10 万元呢？

☞ 律师说法

　　根据《民法典》规定，公民有婚姻自由，婚姻自由包括结婚自由和离婚自由。如果夫妻感情确已破裂，无法继续共同生活，夫妻任何一方都有权提出离婚，不会因为行使婚姻自由的权利而受到惩罚。

　　在离婚时，对于夫妻共同财产，双方当事人可以先进行协商。如果协议不成，可以起诉到人民法院，经法院调解，仍达不成协议，法院只好在判决离婚的同时，将财产一并判处。

　　财产的分割通常是以照顾无过错的一方为原则，同时考虑财产的具体情况、双方各自的经济收入、离婚后子女的抚养等方面，最后依法做出公正的判决，跟谁先提出离婚没有直接联系。另外，离婚赔偿通常发生在一方有过错的前提下，包括重婚、与他人同居、实施家庭暴力等。

相关法条

《民法典》

第一千零七十七条 【离婚冷静期】

　　自婚姻登记机关收到离婚登记申请之日起三十日内，任何一方不愿意离婚的，可以向婚姻登记机关撤回离婚登记申请。

　　前款规定期限届满后三十日内，双方应当亲自到婚姻登记机关申请发给离婚证；未申请的，视为撤回离婚登记申请。

第一千零七十八条 【婚姻登记机关对协议离婚的查明】

　　婚姻登记机关查明双方确实是自愿离婚，并已经对子女抚养、财产以及债务处理等事项协商一致的，予以登记，发给离婚证。

离婚时如何多分财产

如果夫妻感情确已破裂，也达成了离婚共识，那接下来最关心的可能就是如何分割财产。夫妻共同财产原则上要进行平等分割，但也存在例外理由和事项可以进行不平等的分割。那么，什么情况下离婚时可以多分财产呢？

•••● 案例 ●•••

张先生与王女士于 2015 年登记结婚，婚后生育一子，两人之前感情较好，但后来常因生活琐事发生争吵并开始分居。2019年，王女士诉至法院要求与张先生离婚，双方均认可夫妻共同财产为王女士名下的 5 万元存款，王女士陈述该存款在分居期间已经用于投资和消费，只剩下 9000 元，但张先生对王女士投资亏损的事毫不知情。

法院审理后认为，夫妻二人起诉离婚时，有夫妻共同财产存款 5 万元，王女士现称该款用于投资和生活开销，已经支出了41000 元，但王女士未能对其主张提供证据证明，在法院向王女士释明，隐藏夫妻共同财产，可以导致不分或少分财产的情况下，王女士对钱款去向仍不能做出合理的解释和说明。

结合王女士在外务工有稳定收入和从未支付小孩抚养费等事实，法院认定王女士存在转移、隐藏夫妻共同财产的情节，因此，张先生要求对夫妻共同财产5万元进行分割，王女士应当少分的主张符合法律规定，法院遂判令由王女士返还张先生存款28000元。

☞ 律师说法

在诉讼离婚的情况下，如果夫妻其中一方无法合理解释大额存款的去向，法院根据现有证据可以认定该名当事人隐瞒、转移财产，从而酌情判决给另一方多分财产。

另外，根据《民法典》相关规定，在婚姻存续期间，过错方因自身过错导致离婚的，例如出轨、家暴、吸毒等，无过错方有权请求损害赔偿，实践中也有判例让无过错方多分财产。

相关法条

《民法典》

第一千零九十二条 【一方侵害夫妻财产的处理规则】

夫妻一方隐藏、转移、变卖、毁损、挥霍夫妻共同财产，或者伪造夫妻共同债务企图侵占另一方财产的，在离婚分割夫妻共同财产时，对该方可以少分或者不分。离婚后，另一方发现有上述行为的，可以向人民法院提起诉讼，请求再次分割夫妻共同财产。

离婚时如何分割公司股权

在进行离婚财产分割时，涉及公司股份分割的情况相对复杂，因为既有离婚纠纷又有股权转让，需要了解《民法典》与《中华人民共和国公司法》相关的法律法规。

有限责任公司是指，根据《中华人民共和国公司登记管理条例》规定登记注册，由五十个以下的股东出资设立，每个股东以其所认缴的出资额为限对公司承担有限责任，公司以其全部资产对公司债务承担全部责任的经济组织。股东之间的关系比较紧密，因此在分割夫妻共同股权时，既要考虑到妥善解决夫妻双方的财产纠纷，又要考虑到其他利害关系人利益的协调。

·•● 案例 ●•·

杨某（男）与陈某（女）于2014年登记结婚，陈某于2021年起诉离婚，杨某于2017年4月与案外人林某注册登记一家有限责任公司，注册资金100万元，杨某认缴出资额为40万元，占公司40%股权，林某认缴出资额为60万元，占公司60%股权。在审理中，林某出具不同意陈某取得公司股权的书面材料，杨某与陈某也未就杨某所有的股权价值达成一致。法院该如何处理呢?

☞ 律师说法

在夫妻一方起诉离婚时,一方持有有限责任公司的部分股权,另一方要求分割该股权,若双方对持有的股权价值无法达成一致,因涉及案外人,法院一般在离婚案件中不做处理。在本案中也是如此,因林某未同意陈某取得公司股权,杨某与陈某也未就该部分股权价值达成一致,故一般法院在本案中不予处理。

实践中,在分割股权的时候,一般要先对股权的性质进行认定,区分个人财产和夫妻财产,不过此时的分割与金钱的分割不太一样。例如,婚姻关系存续期间一方持有的有限责任公司股权在双方没有特别约定的情况下,属于夫妻共同财产。夫妻离婚时原则上均分,夫妻双方可以协商一致分割或由法院判决分割。但如果被认定为一方个人财产的话,可以对婚后股权的增值部分进行分割。

相关法条

《民法典》

第一千零八十七条 【离婚时夫妻共同财产的处理】

离婚时,夫妻的共同财产由双方协议处理;协议不成的,由人民法院根据财产的具体情况，按照照顾子女、女方和无过错方权益的原则判决。

对夫或者妻在家庭土地承包经营中享有的权益等，应当依法予以保护。

《民法典婚姻家庭编的解释（一）》

第七十三条 人民法院审理离婚案件，涉及分割夫妻共同财产中以一方名义在有限责任公司的出资额，另一方不是该公司股东的，按以下情形分别处理：

（一）夫妻双方协商一致将出资额部分或者全部转让给该股东的配偶，其他股东过半数同意，并且其他股东均明确表示放弃优先购买权的，该股东的配偶可以成为该公司股东；

（二）夫妻双方就出资额转让份额和转让价格等事项协商一致后，其他股东半数以上不同意转让，但愿意以同等条件购买该出资额的，人民法院可以对转让出资所得财产进行分割。其他股东半数以上不同意转让，也不愿意以同等条件购买该出资额的，视为其同意转让，该股东的配偶可以成为该公司股东。

用于证明前款规定的股东同意的证据，可以是股东会议材料，也可以是当事人通过其他合法途径取得的股东的书面声明材料。

夫妻在个人独资企业的财产分割

我们先来了解一下个人独资企业的概念，它是指依照《中华人民共和国个人独资企业法》在中国境内设立，由一个自然人投资，财产为投资人个人所有，投资人以其个人财产对企业债务承担无限责任的经营实体。个人独资企业是一种最简单的企业组织形式，其显著特点就是一人出资，盈亏自负，是一种纯粹的自然人企业。

••● 案例 ●••

王某（男）和李某（女）经人介绍相识，恋爱不久登记结婚。两年后，王某投资 100 万元，以自己的名义创办了一家服装厂。由于王某管理有方，该厂经营三年，利润每年高达 1000 万元。然而，由于王某忙于生意，与李某的交流减少，夫妻关系破裂，李某诉至法院要求与王某离婚。王某同意离婚请求，但不同意将服装厂的所有权分割给李某。

人民法院经审理认为，该服装厂系王某在婚姻关系存续期间以夫妻共同财产出资设立的独资企业，虽然由王某单独管理，但该企业的全部资产仍应视为夫妻共同财产。但考虑到该独资企业的特殊性质，其所有权不能分割。因此，法院判决该服装厂不变更法定代表人，仍归王某所有，但王某应向李某支付相当于该服装厂总资产一半的经济补偿金。

☞ **律师说法**

在中国，以家庭财产设立的独资企业存在以下几种情况：

第一种，自然人婚前以个人财产出资设立个人独资企业的，企业财产为投资人婚前财产。不过由于我国婚姻财产制度实行法定共同财产制，夫妻关系存续期间企业生产经营所得属于夫妻共同财产。因此夫妻离婚时，可以分割经营企业所得的部分，不分割企业财产。

第二种，对于婚后成立的以婚前个人财产或婚后个人财产出资的企业，企业财产归出资人所有，离婚时只解决婚姻关系存续期间个人独资企业的收入，不涉及个人独资企业的所有权。

第三种，婚后以夫妻共同财产作为个人出资设立的企业，不仅经营收入归夫妻共同所有，企业财产也归夫妻共同所有。夫妻双方对共同所有的财产，不分份额，都应享有平等的权利，承担平等的义务。

相关法条

《民法典婚姻家庭编的解释（一）》

第七十五条 夫妻以一方名义投资设立个人独资企业的，人民法院分割夫妻在该个人独资企业中的共同财产时，应当按照以下情形分别处理：

（一）一方主张经营该企业的，对企业资产进行评估后，由取得企业资产所有权一方给予另一方相应的补偿；

（二）双方均主张经营该企业的，在双方竞价基础上，由取得企业资产所有权的一方给予另一方相应的补偿；

（三）双方均不愿意经营该企业的，按照《中华人民共和国个人独资企业法》等有关规定办理。

《中华人民共和国个人独资企业法》

第十七条 个人独资企业投资人对本企业的财产依法享有所有权，其有关权利可以依法进行转让或继承。

第二十六条 个人独资企业有下列情形之一时，应当解散：

（一）投资人决定解散；

（二）投资人死亡或者被宣告死亡，无继承人或者继承人决定放弃继承；

（三）被依法吊销营业执照；

（四）法律、行政法规规定的其他情形。

离婚后还能重新分割财产吗

在离婚后的财产分割过程中，可能会有人遇到配偶一方以各种方式和手段隐瞒财产，试图多分到财产的情况，如果是离婚后才发现自己在分割财产时权益受损，该如何运用法律武器来维权呢？

•●● 案例 ●●•

王女士与张先生于 2010 年登记结婚，婚后两人育有一子，一家人一起度过了几年幸福的时光。随着时间的推移，争吵越来越多，感情也越来越淡，二人于 2017 年经法院判决离婚。

2018 年底，王女士从前邻居那里得知，张先生曾在前几年买了一套房子，不久前刚拿到房产证。王女士听后立即拿着离婚调解书和身份证去房管局查询并调出相应资料。发现那套房子是张先生于 2012 年二人婚姻存续期间购买，房产证于 2018 年办理，张先生将购房事实隐瞒至今。

王女士想到自己离婚后带着儿子居无定所，而张先生每月仅支付 1000 元抚养费，心里很不是滋味，因此向法院提起诉讼，要求法院判令上述房屋属于二人共有。

张先生则称，王女士所说的房屋属其个人财产，理由是购买该房屋用的是张先生父母原有平房的拆迁款，平房是张先生父母所建的，与王女士无关，因此不同意王女士的诉讼请求。

法院审理后查明，张先生提到的平房确为其父母所建，该平房于2000年12月被拆迁。房屋拆迁时，张先生父亲作为被拆迁人与开发商签订了《房屋拆迁货币补偿协议》，只不过协议中的补偿人口包括张先生和王女士一家，因此拆迁款中应有王女士的财产份额。然后，张先生用拆迁款中的30万元支付了涉案房屋的全部购房款，从张先生与王女士在拆迁款中所占财产份额上看，此部分购房款应属于夫妻共同财产。

因此，法院认为，张先生虽于离婚后取得涉案房屋所有权证，但该房屋系其与王女士在婚姻关系存续期间购买，应属于双方夫妻共同财产。王女士诉求具有事实及法律依据，应当予以支持。

☞ 律师说法

夫妻在婚姻关系存续期间所得的财产，归夫妻共同所有。除了上述案件中的情况，其他常见的情形，比如：一方故意隐瞒其名下持有的股权、股票；将银行存款或现金转存或转交至亲友名下；在另一方不知情的情况下变卖动产或不动产后实际控制转让款；将夫妻共有财产赠与他人或通过明显不合理的低价转卖他人；构造虚假债务等。

如果离婚后，另一方发现有未分割的财产，可以向人民法院提起诉讼，请求再次分割夫妻共同财产。如果离婚时因一方采取故意手段隐匿财产，造成对方不知情，法院也无法查明共同财产，而引发离婚后财产纠纷，再次分割夫妻共同财产时，对隐藏、转移、变卖、毁损夫妻共同财产或伪造债务的一方，可以少分或不分。

相关法条

《民法典婚姻家庭编的解释（一）》

第八十四条 当事人依据《民法典》第一千零九十二条的规定向人民法院提起诉讼，请求再次分割夫妻共同财产的诉讼时效期间为三年，从当事人发现之日起计算。

离婚协议生效后还能重新分割财产吗

离婚协议书是一种特殊的民事合同，主要包含自愿离婚、子女抚养、财产及债务处理等三项内容。其中自愿离婚即双方自愿解除婚姻关系；子女抚养涉及当事人一方行使抚养权，另一方支付抚养费，以及未抚养子女一方的探视权等；财产及债务处理方面就是指夫妻关系存续期间的共同财产如何分割、共同债务如何清偿等。

离婚协议书约定的内容需清晰、透明，夫妻双方对协议内容自愿达成一致意见，并且本人到民政机关办理离婚登记手续，那么，这份离婚协议就具有法律效力了。

••• 案例 •••

齐某（男）与韩某（女）原为夫妻关系。2014 年，齐某在城区购买了一处商品房，并登记在齐某名下。2018 年，在齐某的极力主张下，该夫妻二人将此房以 120 万元的价格卖给了齐某的亲戚。

2020 年，韩某、齐某经协商一致并对共有财产进行分割后，签订了离婚协议书，办理离婚手续。但一年后，韩某以财产分割时未涉及该商品房的卖房款 120 万元为由，将齐某诉至法院，要求判令其依法给付 60 万元。

　　法院经审理认为，原被告双方通过协商在民政部门办理离婚手续并分割共同财产的行为，是双方真实意思的表示，未存在欺诈、胁迫情形，离婚协议书对原、被告具有约束力。同时，出卖位于城区的商品房，也是原、被告双方一致认可并一同经手，被告不存在隐藏、转移、变卖、毁损夫妻共同财产的行为，故韩某要求再次分割共同财产的诉讼请求不符合相关法律规定，于是法院驳回了韩某的诉讼请求。

☞ 律师说法

　　上述案件属于典型的离婚后财产纠纷。根据《民法典》以及司法解释的规定，夫妻双方协议离婚后就财产分割问题反悔，请求撤销财产分割协议的，人民法院应当受理。人民法院审理后，未发现订立财产分割协议时存在欺诈、胁迫等情形的，应当依法驳回当事人的诉讼请求。在此提醒大家，在协议离婚时，一定要谨慎对待财产分割，因为签订的协议一旦生效，再以显失公平为由反悔，在司法实践中很难得到支持。

相关法条

《民法典婚姻家庭编的解释（一）》

　　第六十九条 当事人达成的以协议离婚或者到人民法院调解离婚为条件的财产以及债务处理协议，如果双方离婚未成，一方在离婚诉讼中反悔的，人民法院应当认定该财产以及债务处理协议没有生效，并根据实际情况依照《民法典》第一千零八十七条和第一千零八十九条的规定判决。

当事人依照《民法典》第一千零七十六条签订的离婚协议中关于财产以及债务处理的条款，对男女双方具有法律约束力。登记离婚后当事人因履行上述协议发生纠纷提起诉讼的，人民法院应当受理。

第七十条 夫妻双方协议离婚后就财产分割问题反悔，请求撤销财产分割协议的，人民法院应当受理。

人民法院审理后，未发现订立财产分割协议时存在欺诈、胁迫等情形的，应当依法驳回当事人的诉讼请求。

商业保险的分割

　　为了给家庭多一份保障，很多人会选择购买保险。而保险的种类繁多，大致可以分为商业保险和社会保险两大类，其中商业保险还可以分为人寿保险和财产保险，社会保险则包括医疗保险、失业险、养老保险、生育保险四类。

　　根据司法实践，离婚时可以分割的保险应为婚后购买的保险，商业保险都可作为分割对象，社会保险一般只能分割自己缴纳的养老保险部分。而且，家庭购买保险时，投保人、被保险人和受益人等多种角色交叉，离婚时分割起来比较复杂。

•• ● 案例 ● ••

　　王先生与李女士于 2015 年结婚，在婚姻关系存续期间，王先生作为投保人为李女士购买了一份商业保险，李女士是被保险人，并缴纳了保费 8600 元。

　　2016 年，两人因性格不合总是吵架，无奈分道扬镳。在离婚协议中，他们只对两处房产做了分配，没有提及其他共同财产。离婚后，王先生在家中发现了这份保单，想到是自己出钱购买的，就去保险公司退保，得到了6332.01元的退保金和红利。李女士知道后，把王先生告上法庭要求分割这笔款项。

法院经审理后认为，投保时间是两人婚姻存续期间，所以保单的现金价值与红利是夫妻双方共同财产。两人离婚时也没特别提及，不能认为李女士有放弃该财产的意思表示，所以，这笔款项应当按照夫妻共同财产处理。法院最终判定，王先生要分给李女士一半款项。

☞ 律师说法

不难发现在婚姻存续期间购买的保险，如果具备一定的现金价值，其现金价值属于夫妻共同财产。如果在离婚时没有特别说明，一旦离婚，还是作为夫妻共同财产分配，而不能由某一方独占。

商业保险可以及时变更受益人。比如，当事人可以将受益人改为孩子，或是被保险人的父母。虽然被保险人或投保人都可以申请变更受益人，但如果只是投保人要求变更受益人，必须经过被保险人的同意。也就是说，不要私下处理，必须做好变更信息的沟通。

相关法条

《中华人民共和国保险法》

第二十条 投保人和被保险人可以协商变更合同内容。

变更保险合同的，应当由被保险人在保险单或者其他保险凭证上批注或者附贴批单，或者由投保人和被保险人订立变更的书面协议。

《第八次全国法院民事商事审判工作会议（民事部分）纪要》

（二）关于夫妻共同财产认定问题

第四条 婚姻关系存续期间以夫妻共同财产投保，投保人和被保险人同为夫妻一方，离婚时处于保险期内，投保人不愿意继续投保的，保险人退还的保险单现金价值部分应按照夫妻共同财产处理；离婚时投保人选择继续投保的，投保人应当支付保险单现金价值的一半给另一方。

股票的分割

　　随着社会经济的飞速发展，大家的财产类型开始变多，除了房产、存款、金银首饰等常见的财产，还增加了商业保险、股票等内容，在离婚进行财产分割时也出现了许多新问题，本篇我们就详细讲一下股票的分割。股票是上市公司为了筹钱，发行给股东的持股凭证，股东借此取得股息和红利的一种有价证券。它不同于一般的财产，其价值（格）具有波动性，而且需要依法认定是个人财产还是夫妻共同财产，因此股票的分割一直是司法实践中的一个难点。

•••● 案例 ●•••

　　何某（女）与项某（男）经人介绍相识后不久便登记结婚。项某在婚前买了一只 B 股股票，婚后进行交易，收益为 5000 美元。后来何某和项某因性格不合决意离婚，却因项某婚前投资的股票在婚内产生的 5000 美元的收益是否应当界定为夫妻双方共同财产的问题产生争议。因此，何某向人民法院提起诉讼，请求依法分割夫妻共同财产。

　　法院经审理后认为，从资金来源来看，该 5000 美元来源于项某婚前存入其 B 股股票交易账户的 1 万美元，且该资金账户在存入 1 万美元后未有其他资金转入，B 股股票在双方分居前也未有过交易。何某亦无证据证明此款项为婚后炒股获利或婚后有夫妻共同资金投入其中。应认定该 5000 美元为项某的个人婚前财产。

☞ 律师说法

我们可以分析一下这几种情况。第一种，一方婚前使用个人财产购买的股票，且在婚后对该股票未进行任何操作，这里所说的操作不包含将婚前购买的股票抛出的行为，因为将股票变现，只是改变财产的表现形式，不影响财产的性质。而该账户仅因市场变化而产生的收益，实质属于被动增值，离婚时该收益部分认定为自然增值比较适宜。除非双方另有约定，那么该股票以及婚后对应的增值部分应认定为夫妻一方个人财产，离婚时不应分割。

第二种，如果在婚后，该账户有买卖交易行为最终导致股票增值的，原股票的价值属于一方婚前个人财产，除双方另有约定的外，股票增值部分属于夫妻共同财产，离婚时应平均分割。

第三种，如果是使用婚后夫妻共同财产购买的股票，夫妻双方可以通过双方协商的方式予以确定。协商不成的，可以按市价分配，当事人对确定股票价值的时间节点无法达成一致的，可以法庭辩论终结日的股票价值为准。若按市价分配有困难的，人民法院可以根据数量按比例分配。

相关法条

《民法典婚姻家庭编的解释（一）》

第七十二条 夫妻双方分割共同财产中的股票、债券、投资基金份额等有价证券以及未上市股份有限公司股份时，协商不成或者按市价分配有困难的，人民法院可以根据数量按比例分配。

北京市高级人民法院《关于审理婚姻纠纷案件若干疑难问题的参考意见》

第二十六条 【上市公司股票价值确定】

离婚诉讼中分割上市公司股票，需要确定股票价值的，当事人对确定股票价值的时间点无法达成一致的，可以法庭辩论终结日的股票价值为准。

养老保险金和住房公积金的分割

可能很多人不知道，养老保险和住房公积金也在分割范围内，婚后以夫妻共同财产缴付养老保险费，以及婚后取得的住房公积金，都算夫妻共同财产，离婚时由夫妻双方协商如何处理，协商不成由法院判决。

·•● 案例 ●•·

张先生和李女士刚结婚时也曾十分恩爱，但因双方性格和生活背景差异过大，两人多次沟通无果后，准备协商离婚。

在进行财产分割时，李女士的个人基本养老保险账户余额为55585.94 元，住房公积金账户余额为 26542.46 元。张先生提出，李女士的养老保险金和住房公积金是夫妻共同财产，应进行分割，而李女士认为自己的养老保险金和住房公积金不应该进行分割，那是她的个人财产，而且养老保险在退休前无法取现，不同意分割。

对此，一审法院认为，住房公积金是夫妻关系存续期间所取得的财产，属于夫妻共同财产的范畴。而关于养老金，虽然在李女士退休前无法取现，但属于李女士应当取得的财产，也应当作为夫妻共同财产进行分配。

因此，一审法院认定由李女士针对其住房公积金及养老金给予张先生4万元补偿，李女士住房公积金及养老金账户余额均归其个人所有。

☞ 律师说法

我们在前面已经解释过，养老保险金和住房公积金都属于夫妻共同财产，因此，法院判定李女士在离婚时应当进行该部分的财产分割。

众所周知，养老保险金，是指按当期企业职工工资总额的一定比例向社会保险机构缴纳的用于养老保险的款项。虽然养老保险金具有一定的人身属性，但是，个人实际缴纳部分一般是由夫妻共同财产缴纳的，所以把它算作夫妻共同财产进行分割更为合理。

如果夫妻双方都已退休，能够获得确定数额的养老保险，那么在离婚时，只需进行简单的平均分割即可。如果像李女士那样，在离婚时，夫妻一方或双方尚未退休，不符合领取养老保险金的情况，夫妻双方可以将婚姻存续期间个人实际缴付的部分作为夫妻共同财产进行分割。

而住房公积金，是指国家机关和事业单位、国有企业、城镇集体企业、外商投资企业、城镇私营企业及其他城镇企业和事业单位、民办非企业单位、社会团体及其在职职工，对等缴存的长期住房储蓄。其中一部分也是从个人工资中扣除的，因此在夫妻关系存续期间所形成的住房公积金，也属于夫妻共同财产。

相关法条

《民法典婚姻家庭编的解释（一）》

第二十五条 婚姻关系存续期间，下列财产属于《民法典》第一千零六十二条规定的"其他应当归共同所有的财产"：

（一）一方以个人财产投资取得的收益；

（二）男女双方实际取得或者应当取得的住房补贴、住房公积金；

（三）男女双方实际取得或者应当取得的基本养老金、破产安置补偿费。

第八十条 离婚时夫妻一方尚未退休、不符合领取基本养老金条件，另一方请求按照夫妻共同财产分割基本养老金的，人民法院不予支持；婚后以夫妻共同财产缴纳基本养老保险费，离婚时一方主张将养老金账户中婚姻关系存续期间个人实际缴纳部分及利息作为夫妻共同财产分割的，人民法院应予支持。

《住房公积金管理条例》

第三条 职工个人缴存的住房公积金和职工所在单位为职工缴存的住房公积金，属于职工个人所有。

第五条 住房公积金应当用于职工购买、建造、翻建、大修自住住房，任何单位和个人不得挪作他用。

双方婚前共同买房应该怎么分割

情侣在恋爱期间，为了以后的幸福生活，一起攒钱买房准备结婚，感觉是一件充满希望的事。但是如果婚后生活并不美好，两人最终选择离婚，那这套共同出资购买的房产能不能算作夫妻共同财产进行分割呢？婚前共同买房存在哪些风险呢？

••• 案例 •••

秦先生与曾女士经人介绍相识并同居，恋爱期间双方共同出资购买了一套房产，并登记在双方名下，未明确产权份额。该房屋的总价款是 300 万元，其中秦先生出资 200 万元，曾女士出资 100 万元。

两年后双方登记结婚，但两人因生育子女后的养育方式、照顾多少等问题产生了不可调和的矛盾，之后秦先生婚内出轨，导致双方感情破裂。曾女士向人民法院提起诉讼，要求与被告秦先生离婚，子女由曾女士抚养，取得房屋所有权并向对方支付折价款。

法院认为，房屋为原、被告婚前共同出资全款购买，登记在双方名下，应按双方各自的出资比例确定份额，曾女士 1/3、秦先生 2/3。考虑被告秦先生出资较多，且原告曾女士婚前仍有其他住房而被告无其他住房，由被告取得该房屋。双方一致认可房屋市场价为 400 万元，因此秦先生向曾女士支付折价款 150 万元。

☞ 律师说法

双方婚前共同买房通常面临以下两种情况：

第一种，婚前双方共同出资购房，产权证上只登记一方名字。

如果双方婚前共同出资购房，购房合同及产权证上只写了一方的名字，夫妻离婚时，登记一方极易主张该房屋为婚前个人财产，另一方无权要求分割。

因为我国法律规定，确定不动产的所有权归属要看不动产登记簿上是谁的名字，记载于登记簿上的权利人推定为房屋所有人。

这种时候如果房产产权登记一方不承认另一方在购房时曾出资，另一方又没有充分的证据证明其出过资，那么，法院也无法认定房屋为共同财产。所以，未登记一方一定要留存自己的出资证明，以保护自己的合法权益。

第二种，婚前双方共同出资购房，产权证上登记双方名字。

我们都知道，婚前共同购买的房屋不属于夫妻共同财产。根据我国法律，共有人对共有的不动产或者动产没有约定为按份共有或者共同共有，或者约定不明确的，除共有人具有家庭关系外，一般视为按份共有。所以，结婚前男女双方共同出资购买的房屋，在离婚后会按照当时卖出的市价，根据当时付钱的比例来支付。如果出资购房了，一定要在产权证上登记名字。

相关法条

《民法典》

第二百零九条【不动产物权的登记生效原则及其例外】

不动产物权的设立、变更、转让和消灭，经依法登记，发生效力；未经登记，不发生效力，但是法律另有规定的除外。

依法属于国家所有的自然资源，所有权可以不登记。

第三百零八条【共有关系不明时对共有关系性质的推定】

共有人对共有的不动产或者动产没有约定为按份共有或者共同共有，或者约定不明确的，除共有人具有家庭关系等外，视为按份共有。

15

离婚后的孩子抚养

孩子的抚养费，应该给多少

都说孩子是父母的心头肉，可一旦夫妻关系破裂闹到离婚，必然要面临的就是孩子的抚养问题，夫妻二人你争我抢，闹得不可开交。等确定了抚养权，还有一个关键问题需要解决——要给子女多少抚养费?

···● 案例 ●···

王某（女）与张某（男）婚后生育一女小花，后因双方感情不和协议离婚。协议中商定，小花与母亲王某一起生活，张某每月给付抚养费 1500 元。随着孩子的长大，每年的花费也逐渐增多，王某把小花送到了学费昂贵的私立幼儿园，并给孩子报了英语班、舞蹈班等兴趣班，因此她要求前夫张某提高每月给付的抚养费数额。

但张某表示，自己家庭条件不好，每月收入 8000 元，无力承担高昂的抚养费用，同时表示小花可以到普通的公立幼儿园就学，但是王某坚决不同意。

双方无法达成一致意见，王某以小花的名义将张某诉至法院，要求每月支付学费、补习班、生活费等各项费用的一半共计1万元。

法院在审理时查明，小花在私立幼儿园每年学费8万元，报英语补习班、舞蹈特长班分别花费2万元，而张某的年总收入不到10万元，最终法院判决张某每月支付小花抚养费2300元，直至孩子18周岁为止。

☞ 律师说法

一般来说，抚养费包括生活费、教育费和医疗费。夫妻双方离婚时，除生活费外，抚养子女的一方要充分考虑教育费和医疗费之后，再确定抚养费数额。因为随着物质水平的提高，大部分人都越来越重视孩子的培养，在相关方面的投入也会增加。

抚养费的给付方式，双方协商一致后可通过每月、每季度、每年、一次性等方式来定期支付。如果无法协商一致的，法院一般判决按月支付。不直接抚养子女的一方不同意一次性支付的，法院不会判令其一次性支付。

通常父母对子女的抚养义务是到子女满十八周岁，超过十八周岁，父母就没有法定的抚养义务了，当然还可以基于情感上的考虑，自愿承担子女大学期间的学费、生活费，但如果子女起诉要求不直接抚养子女的一方支付大学期间的抚养费，法院是不予支持的。

不过也有一些特殊情况需要注意：第一种，如果子女满十八周岁，但还在接受高中及其以下学历教育，父母依旧得履行抚养义务；第二种是子女非主观原因（丧失或未完全丧失劳动能力等）无法维持正常生活的，不直接抚养子女的一方在孩子十八周岁后也仍有义务支付抚养费。

相关法条

《民法典婚姻家庭编的解释（一）》

第四十九条 抚养费的数额，可以根据子女的实际需要、父母双方的负担能力和当地的实际生活水平确定。

有固定收入的，抚养费一般可以按其月总收入的百分之二十至三十的比例给付。负担两个以上子女抚养费的，比例可以适当提高，但一般不得超过月总收入的百分之五十。

无固定收入的，抚养费的数额可以依据当年总收入或者同行业平均收入，参照上述比例确定。

有特殊情况的，可以适当提高或者降低上述比例。

第五十条 抚养费应当定期给付，有条件的可以一次性给付。

第五十八条 具有下列情形之一，子女要求有负担能力的父或者母增加抚养费的，人民法院应予支持：

（一）原定抚养费数额不足以维持当地实际生活水平；

（二）因子女患病、上学，实际需要已超过原定数额；

（三）有其他正当理由应当增加。

决定抚养权归属的因素有哪些

夫妻双方无论通过协议离婚还是诉讼离婚，其离婚后的子女抚养权归属问题都是双方争议的焦点。虽然大家都知道就算父母离婚了，父母与子女之间的权利义务不会受影响。但父母出于对孩子的爱，还是希望陪伴孩子成长，因此抚养权的归属就显得尤为重要。

••• 案例 •••

王女士和张先生原是大学同学，毕业后选择了登记结婚，婚后生育了一个女儿小花。在小花 8 岁时，夫妻二人因聚少离多感情破裂，决定协议离婚，但两人在女儿的抚养权问题上产生了争执。

张先生说自己是博士学历，毕业后积极创业，现在有一家手机软件公司，身价上亿，可以给女儿提供更好的生活。王女士说自己的职业是教师，虽然没有张先生赚得多，但基本的生活保障没有问题，而且有足够的时间陪伴女儿学习和成长。

法院经审理认为，虽然张先生经济收入丰厚、社会地位较高，但是考虑到孩子长期跟王女士一起生活，且王女士住所地方便于孩子入学。在抚养权归属上，物质条件不是首要考虑因素。因此最终判决由王女士抚养小花。

☞ 律师说法

离婚时，子女抚养权的确定，一般遵循以下原则和方法：

第一，由双方协商确定，协商不成的，由法院判定，一般两周岁以下的孩子都会判决给女方。对两周岁以上不满八周岁的未成年子女，如果双方均要求随其生活，一方有下列情形之一的，可予优先考虑：1. 已做绝育手术或因其他原因丧失生育能力的；2. 子女随其生活时间较长，改变生活环境对子女健康成长明显不利的；3. 无其他子女，而另一方有其他子女的。

第二，未成年子女满八周岁的，父母双方对抚养权发生争执时，一般应该考虑该子女的意见。

在本案中，张先生平时工作繁忙，经常出差，他虽然能在经济上给予小花补偿，但在具体的生活起居和日常照顾中缺乏付出。而王女士的工作时间较为固定，工作强度适中，又有寒暑假，可以投入更多的时间陪伴小花。这样的生活环境，对孩子的学习、成长、身心健康都有益。在子女的抚养问题上，法院判决孩子由谁抚养，除了以上年龄因素，主要还是考虑子女的身心健康和成长。比如，日常的陪伴、对孩子的照顾、跟孩子的沟通交流等。

相关法条

《民法典》

第一千零八十四条 【离婚后子女的抚养】

父母与子女间的关系，不因父母离婚而消除。离婚后，子女无论由父或者母直接抚养，仍是父母双方的子女。

离婚后，父母对于子女仍有抚养、教育、保护的权利和义务。

离婚后，不满两周岁的子女，以由母亲直接抚养为原则。已满两周岁的子女，父母双方对抚养问题协议不成的，由人民法院根据双方的具体情况，按照最有利于未成年子女的原则判决。子女已满八周岁的，应当尊重其真实意愿。

可以要求对方一次性付清抚养费吗

夫妻离婚时，会同时处理孩子的问题，不然时间拖得越久对孩子的伤害越大。如果夫妻双方经协商后，决定由女方抚养子女长大，通常也会约定好男方应当支付的抚养费金额。可能有些人为了预防万一或者出于其他考虑，想要男方一次性给付抚养费，那实践中可以做到吗？

•••● 案例 ●•••

曹某（女）与张某（男）于2014年登记结婚，2016年生育一子取名张小某，后因两人性格不合，平时生活摩擦纷争不断，最终导致感情破裂。

2020年曹某起诉离婚，要求婚生子张小某由曹某抚养，而张某一次性付清抚养费50万元。庭审中，张某提出自己没有工作，无抚养能力，所以不同意一次性支付抚养费。

先说说抚养期限的问题，通常是法定的十八周岁，但如果父母对抚养期限有明确的约定，也适用父母的约定。比如，父母约定支付抚养费到孩子大学毕业，如果一方在孩子上大学后拒不履行，孩子有权向其主张抚养费用。

实践中，很多当事人希望对方一次性支付孩子的抚养费用，但根据有关司法解释和司法实践来看，这种要求往往得不到法院的支持。因为法院判决或调解一次性支付孩子的抚养费的情况往往需要同时具备以下几个条件：第一，一方要求一次性支付；第二，另一方同意一次性支付；第三，另一方完全有一次性支付的能力；第四，不损害他人权益。

那么，为什么一次性支付子女抚养费不可取？一方面是为了保护儿童合法权益，一次性支付抚养费的数额较大，义务主体如果负担不起，只是象征性地支付一部分，之后就置之不理，会影响孩子的生活质量；另一方面，一方义务主体的责任减轻，那另一方义务主体的责任就会加重，也会使被抚养子女的权益受到侵害。

相关法条

《民法典》

第一千零八十五条 【离婚后子女抚养费的负担】

离婚后，子女由一方直接抚养的，另一方应当负担部分或者全部抚养费。负担费用的多少和期限的长短，由双方协议；协议不成的，由人民法院判决。

前款规定的协议或者判决，不妨碍子女在必要时向父母任何一方提出超过协议或者判决原定数额的合理要求。

父母离婚，孩子可以自己选择跟谁吗

　　现实中有些人想要离婚，但考虑到孩子总会犹豫不决。他们担心自己离婚影响孩子的成长，但殊不知不和谐的家庭氛围同样会伤害到孩子。如果确认感情无法继续，不妨认真考虑孩子的抚养问题，以及哪一种生活更利于孩子的成长。有一些父母也会把决定权交给孩子，询问他更想跟随谁生活，那么，在法律上孩子真的有选择权吗？

••● 案例 ●••

　　李某（女）和刘某（男）因感情不和提起离婚诉讼，双方在离婚和财产分割问题上达成了一致，但对1岁儿子和9岁女儿的抚养权归属争执不下。

　　孩子的母亲李某表示，自己的职业是老师，对照顾和教育孩子更有优势，孩子应由自己抚养。孩子的父亲刘某认为，他们双方都有工作，孩子免不了需要老人帮忙照看，孩子的爷爷奶奶均有退休金，文化素质较高，所以，孩子跟着他更有利于孩子的生活和教育。双方协商无果，诉至法院。

☞ 律师说法

离婚时，是需要从有利于子女身心健康的角度，协议子女的抚养问题。如果双方对子女的抚养问题不能达成一致意见，抚养权归属应当按照《民法典》以及其他有关规定来确定。

在本案中，李某和刘某的儿子才一岁，如果母亲李某不存在法律规定的子女可随父方生活的情形，那么不满两周岁的孩子应当由母亲李某抚养，这一点很好确认。而已经超过八周岁的女儿，可以询问她的意愿，尊重孩子的选择。

法律对子女抚养问题的具体规定，以子女年龄为标准进行划分。主要有以下几种情况：

第一种，对两周岁以下的子女，法律规定一般随母方生活。如果父母双方协议不满两周岁子女由父亲直接抚养，并对子女健康成长无不利影响的，人民法院也会支持。

第二种，对两周岁以上不满八周岁的未成年子女，随父或随母生活，首先应由父母双方协商决定：未成年子女由父方抚养，或随母方生活，或者在有利于保护子女利益的前提下，由父母双方轮流抚养，对上述几种抚养方式，法院都是可以准许的。如果协商不成，由法院判决。

第三种，对八周岁以上的未成年孩子，父母双方对抚养问题协议不成的，应当尊重孩子的真实意愿。但这不是说八周岁以上未成年孩子可以随意选择随谁生活，法院一般是在父方母方同争抚养权，且双方都具有抚养孩子的条件时，才考虑孩子个人的意见。

相关法条

《民法典》

第一千零八十四条 【离婚后子女的抚养】

父母与子女间的关系，不因父母离婚而消除。离婚后，子女无论由父或者母直接抚养，仍是父母双方的子女。

离婚后，父母对于子女仍有抚养、教育、保护的权利和义务。

离婚后，不满两周岁的子女，以由母亲直接抚养为原则。已满两周岁的子女，父母双方对抚养问题协议不成的，由人民法院根据双方的具体情况，按照最有利于未成年子女的原则判决。子女已满八周岁的，应当尊重其真实意愿。

离婚后，对方不让探望子女怎么办

　　为了能让孩子身心健康，离婚后的父母也会尽量协商好彼此舒适的相处方式，以保证孩子能在父母的关爱下成长。按照相关法律规定，在一方获得孩子的抚养权后，另一方也会获得探视权，探望权是指父亲或母亲与子联系、见面、交往、沟通、短期共同生活的权利。这种权利有利于保护父母与子女之间血浓于水的亲情。

·●● 案例 ●●·

　　陈先生与张女士登记结婚两年后生育男孩小壮。在小壮 4 岁时，双方因感情不和办理了协议离婚。两人在离婚协议中约定，小壮由男方监护抚养，随同男方生活，女方每周可探望儿子一次或带儿子外出游玩，但应提前通知男方。

　　但每当张女士要求探望小壮时，都会被陈先生以各种理由拒绝，说孩子情绪不稳定，孩子过敏体质不适合出行等。

　　后来张女士从小壮口中得知，陈先生曾多次对其灌输不利于亲子关系的言论，试图让孩子认定双方离婚的原因是张女士，严重影响了她与小壮的母子亲情。张女士遂将陈先生起诉至法院。法院经审理后，判令张女士对婚生子小壮享有探望权，至其十八周岁，探望频率为每周六一次。

☞ 律师说法

夫妻离婚，如果在判决书、调解书或离婚协议中规定了一方享有对孩子的探望权，但在实际的履行中，一方或其父母以各种理由拒不让另一方行使探望权，享有探望权的一方可通过所在地的居委会沟通协商，协商未果的话，可在收集相关证据的前提下，向人民法院提起探望权纠纷之诉。

在法院的判决书里对探望权做出明确规定，对拒不执行有关探望子女的判决或者裁定的，人民法院可对有协助义务的个人或者组织，采取拘留、罚款等强制措施。

相关法条

《民法典》

第一千零八十六条 【探望子女权利】

离婚后，不直接抚养子女的父或者母，有探望子女的权利，另一方有协助的义务。

行使探望权利的方式、时间由当事人协议；协议不成的，由人民法院判决。

父或者母探望子女，不利于子女身心健康的，由人民法院依法中止探望；中止的事由消失后，应当恢复探望。

《民法典婚姻家庭编的解释（一）》

第六十五条 人民法院作出的生效的离婚判决中未涉及探望权，当事人就探望权问题单独提起诉讼的，人民法院应予受理。

第六十八条 对于拒不协助另一方行使探望权的有关个人或者组织，可以由人民法院依法采取拘留、罚款等强制措施，但是不能对子女的人身、探望行为进行强制执行。

离婚后父母一方有权单独更改子女姓名吗

一般来说，父母对子女的姓名都十分重视，在取名时颇费心思，有的名字饱含美好的寓意，有的是专门花钱请人取一个好听的名字。那么，当夫妻离婚后，拥有抚养权的一方是否有权单独更改子女的姓名呢？

•• 案例 ••

　　王某（男）与张某（女）经人介绍相识，恋爱一年后办理结婚登记，婚后育有一女，现已 6 岁。婚后王某不务正业，对女儿小花不管不问，夫妻俩因为家庭琐事不断争吵。张某多次以夫妻感情破裂为由向法院起诉离婚，最终两人办理离婚。法院判决女儿小花由张某抚养，王某每月按时支付抚养费。

　　离婚后，张某与蔡某再婚，张某认为自己和女儿都有了新家庭、新生活，不应当与前夫再有任何瓜葛，于是张某在未告知前夫王某的情况下，擅自将女儿的姓氏变更为蔡某的姓氏。王某知情后，数次与张某协商未果。王某遂以张某单方变更女儿姓氏侵犯了自己的监护权为由，将前妻告上法庭，要求尽快恢复孩子姓氏。

按照《民法典》的规定，子女可以随父姓，也可以随母姓。通常情况下，子女的姓名是孩子出生前后，经父母双方协商一致后确定的，那么，孩子姓名的变更，也应由父母双方协商一致。夫妻离婚后，如果一方想更改子女的姓名，也必须经过另一方的同意，任何一方无权擅自更改孩子的姓名。

因此户籍办理机构需要孩子父母双方的签字后，才能给孩子更改姓名。否则，户籍办理机构不会办理手续。若其中一方通过各种渠道更改了子女的姓名，另一方也有权利向公安机关申请恢复子女原姓名或者起诉到法院请求恢复原姓名。

相关法条

《民法典》

第一千零一十二条 【姓名权】

自然人享有姓名权，有权依法决定、使用、变更或者许可他人使用自己的姓名，但是不得违背公序良俗。

第一千零一十五条 【自然人姓氏的选取】

自然人应当随父姓或者母姓，但是有下列情形之一的，可以在父姓和母姓之外选取姓氏：

（一）选取其他直系长辈血亲的姓氏；

（二）因由法定扶养人以外的人扶养而选取扶养人姓氏；

（三）有不违背公序良俗的其他正当理由。

少数民族自然人的姓氏可以遵从本民族的文化传统和风俗

习惯。

《民法典婚姻家庭编的解释（一）》

第五十九条 父母不得因子女变更姓氏而拒付子女抚养费。父或者母擅自将子女姓氏改为继母或继父姓氏而引起纠纷的，应当责令恢复原姓氏。

离婚后可以共同抚养孩子吗

离婚如今已经成为一个普遍现象，婚内有孩子的夫妻选择离婚，必须面临的一个问题就是谁来抚养孩子。而可怜天下父母心，大部分父母都希望自己能陪伴孩子左右，因此抚养权的归属就很容易引发纠纷。所以有的父母希望能共同拥有孩子的抚养权，这样都能参与孩子的成长，并监护和照看孩子。

•••● 案例 ●•••

石女士与姜先生经朋友介绍相识，三个月后登记结婚。因两人婚前缺乏足够的了解，性格和生活习惯差异较大，夫妻俩经常吵架。婚后育有一子，但孩子的出生并没有缓和双方矛盾。之后石女士向法院提起离婚诉讼，庭审中，两人表示同意离婚，对财产分割也无异议，唯一的矛盾焦点在儿子的抚养权问题上，两人都想争夺孩子的抚养权。

而且双方对于争取子女抚养均有优势：第一，孩子过小，偏向石女士；第二，姜先生在居住条件和抚养孩子的房产上更有利。不过双方都非常疼爱孩子，因此通过庭审和庭下多方沟通，最终为当事人达成共同抚养的协调意见。

☞ 律师说法

　　夫妻离婚后，不论哪一方获得了抚养权，另一方对子女依然拥有抚养、教育、保护的权利和义务。如果双方能够对子女抚养问题协商一致，由双方共同抚养，法院一般不会干涉。而且，"离婚夫妻双方轮流抚养"的方式相较于"随一方生活"更有利于未成年子女的成长。这样既能方便父母双方都履行抚养教育子女的义务，也能避免子女因父母离婚产生被一方抛弃的错觉。同时，"共同抚养"的模式更公平，值得推广。

相关法条

《民法典婚姻家庭编的解释（一）》

　　第四十八条 在有利于保护子女利益的前提下，父母双方协议轮流直接抚养子女的，人民法院应予支持。

16

离婚继承法律常识

父母离婚，继子女还有权继承吗

我们都知道父母与子女之间有抚养义务，也存在继承权利，那么，继子女与继父母之间形成了抚养关系，在继父母老去后继子女有赡养义务，自然也拥有继承权。只不过还有一种情况是，当生母（父）与继父（母）又离婚了，那继子女是否有继承权呢？

•••● 案例 ●•••

齐某与前妻离婚后，带着 9 岁的女儿齐小某与邓某结婚，双方共同抚养齐小某。

十年后，齐某与邓某因感情不和离婚，双方协商婚后购买的房产归邓某。离婚后不久，邓某因病去世，齐小某认为继母邓某的房产应有自己的一部分，为此，她和邓某的亲生女儿发生争议。那么齐小某是否有权继承邓某的房产呢？

☞ 律师说法

我们先来明确一点，继子女是指妻与前夫或夫与前妻所生的子女。因此继子女与继父母之间的关系，是因为父母一方死亡或者离婚后再婚所形成的姻亲关系，这种关系不像血亲关系那样能直接产生法定扶养义务。

在实际生活中，继父母与继子女之间大多有两种情况：一种是继子女已成年，可以独立生活，或者虽然未成年但生活费、教育费仍由其生父母负担，所以，继父母、继子女之间只是共同生活的关系，没有抚养教育关系。第二种是继子女的生活费、教育费由继父或继母负担，因此继父母与继子女之间形成了抚养教育关系。

在第二种情况中，继父母与继子女之间的权利和义务，跟父母与子女间的权利和义务完全相同。通常情况下，继父母和继子女之间的关系也受法律保护。不过，如果继父母和生父母离婚，这样的关系就不复存在了，那么继承的权利也会消失。

我们以本案为例详细解释一下，比如，在齐某和邓某离婚时，齐小某已经成年，她跟继母之间抚养关系已经形成，该种关系是独立于婚姻关系之外的一种民事法律关系，不会因为继父母与生父母之间婚姻关系的解除而自然终止。

抚养关系的终止需要满足一定的条件，如果齐小某在继母与生父离婚后不再赡养邓某，或者没有尽到相应的赡养责任，那么，可以认定双方抚养关系终止，齐小某也就无法继承邓某的遗产。

反之，如果齐小某在其生父齐某与邓某离婚后，仍然继续赡养邓某，那么抚养关系依然存在，齐小某对邓某的遗产也就享有继承权。

相关法条

《民法典》

第一千一百二十七条 【继承人的范围及继承顺序】

遗产按照下列顺序继承：

（一）第一顺序：配偶、子女、父母；

（二）第二顺序：兄弟姐妹、祖父母、外祖父母。

继承开始后，由第一顺序继承人继承，第二顺序继承人不得继承；没有第一顺序继承人继承的，由第二顺序继承人继承。

本编所称子女，包括婚生子女、非婚生子女、养子女和有扶养关系的继子女。

本编所称父母，包括生父母、养父母和有扶养关系的继父母。

本编所称兄弟姐妹，包括同父母的兄弟姐妹、同父异母或者同母异父的兄弟姐妹、养兄弟姐妹、有扶养关系的继兄弟姐妹。

《民法典继承编的解释（一）》

第十五条 被继承人的养子女、已形成扶养关系的继子女的生子女可以代位继承；被继承人亲生子女的养子女可以代位继承；被继承人养子女的养子女可以代位继承；与被继承人已形成扶养关系的继子女的养子女也可以代位继承。

离婚后还可以继承对方的遗产吗

　　曾经努力走到一起的夫妻，谁都不愿意最终陌路，但还是有一些人由于种种原因，选择了分开，去追求各自想要的新生活。已经离婚的夫妻，根据我国法律规定，他们是否能继承对方遗产？

　　程先生与范女士登记结婚，婚后生育一子。刚开始时一家三口的生活很幸福。但随着程先生的生意越做越大，这段美满的婚姻里出现了第三者。范女士发现后提出离婚，双方办理了离婚手续，程先生净身出户，孩子随范女士生活。

　　离婚后，程先生重新成立公司，组成了新的家庭，先后购置了几套房产。但好景不长，程先生去谈生意的路上发生了交通事故意外死亡。范女士是否有权继承前夫的遗产呢？

答案是不能，根据《民法典》的规定，夫妻选择离婚后，两人之间的夫妻关系就终止了，因此不能继承对方的遗产。

在上述案例中，范女士的前夫程先生生前没有立下遗嘱，所以他的遗产会按法定继承分配，由其法定继承人继承遗产。程先生的法定第一顺序继承人为妻子、子女、父母。而前妻不能作为法定第一顺序继承人。

当然，也有一些例外情况，夫妻离婚后也能继承对方的遗产。例如，如果男女双方离婚后，两人离婚不离家，男方因患病卧床不起，前妻对男方生活尽了主要扶助义务，前妻可以适当分得男方遗产。或者前夫生前立有遗嘱，指定遗产由前妻继承，那么前妻也可以继承前夫遗产。

相关法条

《民法典》

第一千一百二十三条【法定继承、遗嘱继承、遗赠抚养协议的效力】

继承开始后，按照法定继承办理；有遗嘱的，按照遗嘱继承或者遗赠办理；有遗赠扶养协议的，按照协议办理。

第一千一百三十三条【遗嘱处分个人财产】

自然人可以依照本法规定立遗嘱处分个人财产，并可以指定遗嘱执行人。

自然人可以立遗嘱将个人财产指定由法定继承人中的一人或者数人继承。

自然人可以立遗嘱将个人财产赠与国家、集体或者法定继承人以外的组织、个人。

　　自然人可以依法设立遗嘱信托。

独生子女不能继承父母的全部遗产吗

　　亲人离世让人悲痛，而他们留下的遗产对活着的人而言是一种抚慰和纪念。只不过，随着社会的发展，动辄百万的房产也成了亲人之间产生遗产纠纷的根源。其中，最让一些人费解的是，为什么独生子女不能继承父母的全部遗产？如果独生子女无法继承全部遗产，那该由谁继承呢？

•••● 案例 ●•••

　　肖某是独生女，其父亲十年前去世，母亲去年刚过世，留下一套房产。父母都过世后，肖某准备把房屋过户到自己名下，在了解了过户手续后开始着手办理，但过程并不顺利。因为按照法律规定，在肖某父亲过世时，她的祖母还活着，祖母也有权继承肖某父亲的部分遗产。而祖母过世后，那部分遗产由大伯、姑姑等人继承，所以，肖某无法全额继承父母的房产。

根据《民法典》的规定，配偶、子女、父母同为第一顺序的法定继承人，如果没有有效遗嘱，遗产将由在世的第一顺位继承人共同继承，如果第一顺序继承人都不在世，将由在世的第二顺序继承人继承。可以说独生子女是第一顺序继承人，但不一定是唯一的第一顺序继承人。

在本案中，肖某的父亲去世时，祖母还活着，所以法定第一顺序继承人有女儿、妻子和他的母亲，而肖某祖母过世后的遗产，第一顺序继承人是肖某的大伯和姑姑，他们也能通过转继承的方式得到肖某父亲的这部分房产。

如果肖某父亲去世时，第一顺位的继承人只剩下肖某，并且被继承人没有立遗嘱将财产遗赠给其他人，那么，肖某的叔叔伯伯作为第二顺位继承人也没有权利继承遗产，只有独生子女作为第一顺位继承人得到父母的全部遗产。

父母想要把房产全部留给子女，避免纷争，应该在生前办理有效遗嘱，确立一份能够得到法律保护的遗嘱。立遗嘱后如果发现子女不孝，也可随时更改遗嘱，主动权还是在自己手上。

相关法条

《民法典》

第一千一百二十三条 【法定继承、遗嘱继承、遗赠抚养协议的效力】

继承开始后，按照法定继承办理；有遗嘱的，按照遗嘱继承或者遗赠办理；有遗赠扶养协议的，按照协议办理。

第一千一百四十二条 【遗嘱的撤回与变更】

遗嘱人可以撤回、变更自己所立的遗嘱。

立遗嘱后，遗嘱人实施与遗嘱内容相反的民事法律行为的，视为对遗嘱相关内容的撤回。

立有数份遗嘱，内容相抵触的，以最后的遗嘱为准。

婚后继承所得一定属于夫妻共同财产吗

有人婚后继承了自己父母的遗产，只不过搞不清楚这部分财产是自己的个人财产还是夫妻共同财产。通常情况下，在婚姻存续期内继承父母的遗产是夫妻共同财产，但如果有遗嘱表明是留给夫妻一方个人所有的，那就属于个人财产。

••● 案例 ●•••

张某（男）与王某（女）登记结婚，婚后张某的父母去世，留下一幢别墅，张某作为第一继承人顺利继承了该不动产。随后王某的父母也过世了，但王某父母在生前已经立下遗嘱并在公证处做过公证，将其名下财产全部留给王某个人所有。不过张某不知道这事。后两人因性格不合，确认夫妻感情破裂，决定协议离婚。虽然夫妻各自继承了父母的房产，但他们在协议离婚中对继承的财产出现争议。

张某认为从父母处继承的财产都属夫妻共同财产，但王某不同意这种说法，她认为张某继承的遗产属于夫妻共同财产，但自己父母生前已经立好遗嘱，继承的房产是个人所有。最后，张某直接起诉到法院。

　　法院经审理认为，张某父母去世时并未留有遗嘱，张某父母的遗产应属于夫妻共同财产。而王某父母生前遗嘱中明确约定，遗产单独赠与王某个人，与张某无关。因此王某父母的遗产不属于夫妻关系存续期间的共同财产，应归王某个人所有。

☞ **律师说法**

　　根据法律规定，如果父母生前留有遗嘱，首先尊重遗嘱的约定，没有遗嘱的，按法定继承分配。本案中，王某父母生前遗嘱中有明确约定，遗产单独赠与王某个人，王某父母的遗产应不属于夫妻关系存续期间的共同财产，归王某个人所有。

相关法条

《民法典》

第一千零六十三条 【夫妻个人财产】

下列财产为夫妻一方的个人财产：

（一）一方的婚前财产；

（二）一方因受到人身损害获得的赔偿或者补偿；

（三）遗嘱或者赠与合同中确定只归一方的财产；

（四）一方专用的生活用品；

（五）其他应当归一方的财产。

继子女能继承生父母、继父母的遗产吗

现实生活中，因遗产继承闹得形同陌路的情况比比皆是，尤其在离婚率居高不下、重组家庭增多的情况下更是如此。最为复杂的就是继父母与继子女之间的扶养关系认定，以及由此引起的继承问题。他们之间没有血缘关系，却因共同生活产生了各种层面的交集。

•• ● 案例 ● ••

吴女士与陈先生原为夫妻，两人育有一子小陈。2000 年，两人离婚，5 岁的小陈由陈先生抚养。2002 年，陈先生与秦女士登记结婚，小陈开始由陈先生和秦女士共同抚养。

2015 年，陈先生因故去世。2020 年，秦女士也因病去世。秦女士去世后，名下遗有房产一处和某公司股权。秦女士的父母以继承的方式取得了该房产的所有权并将其出卖。

小陈提起诉讼，请求继承继母秦女士的财产，并提交了结婚证、保险单、继母医疗费付款凭证、全家合影、公证书等证据，证明其与小陈已经形成了真实的继父母与继子女之间的扶养关系。

法院审理后认为，根据小陈提交的结婚证、证人证言、公证书及照片等证据，证实秦女士在小陈 7 岁时与其父亲陈先生登记结婚，之后小陈由父亲和继母共同抚养，其生活费、教育费都是由夫妻一起负担，故小陈与秦女士之间形成了具有扶养关系的继母子关系，因此小陈依法取得了对秦女士财产的法定继承权。

☞ 律师说法

根据《民法典》规定，法律上所说的子女，包括婚生子女、非婚生子女、养子女和有扶养关系的继子女。父母也包括生父母、养父母和有扶养关系的继父母。我们知道子女与父母之间的继承关系，不会因为父母的婚姻关系发生变化而终止，而继子女与继父母之间需要形成扶养关系，继父母对继子女有抚养教育义务，继子女对继父母有赡养义务，这样才有权利作为法定继承人继承继父母的遗产。

因此继父母与继子女之间的扶养关系是否成立就显得尤为重要，而继父母和继子女共同生活，既需要有物质上的帮助，包括承担全部或部分生活费、教育费，也需要情感上的交流、关心教育、照料生活等，这些是认定扶养关系的关键。

相关法条

《民法典》

第一千一百二十七条 【继承人的范围及继承顺序】

遗产按照下列顺序继承：

（一）第一顺序：配偶、子女、父母；

（二）第二顺序：兄弟姐妹、祖父母、外祖父母。

继承开始后，由第一顺序继承人继承，第二顺序继承人不继承；没有第一顺序继承人继承的，由第二顺序继承人继承。

本编所称子女，包括婚生子女、非婚生子女、养子女和有扶养关系的继子女。

本编所称父母，包括生父母、养父母和有扶养关系的继父母。

本编所称兄弟姐妹，包括同父母的兄弟姐妹、同父异母或者同母异父的兄弟姐妹、养兄弟姐妹、有扶养关系的继兄弟姐妹。

嫁出去的女儿有资格继承遗产吗

直到现在，有些地方还存着重男轻女的思想，不少上了年纪的人认为"嫁出去的女儿泼出去的水"，于是认为，出嫁的女儿没有继承权。实际上，按照男女平等的原则，无论儿子还是女儿，未婚或已婚，只要尽到了赡养义务都有继承权。

••● 案例 ●••

2012 年，李女士的父亲因病去世，他生前曾告诉李女士的哥哥李先生，如果将来女儿没地方住，可以回家住在二楼。2017 年，李女士与母亲一起到公证处办理了公证，她选择了放弃继承父亲的遗产。2018 年 4 月，该房屋的产权变更为李女士的母亲和哥哥。

2019 年李女士离婚后，因无处居住，所以搬回了娘家。但李女士的哥哥认为，李女士既然放弃了继承权，并且已经出嫁不应再回娘家居住。于是，李先生将李女士告上法庭，要求其搬离。

李女士称，自己虽然放弃了继承权，但那是有条件的，就是自己可以使用娘家的二楼。但做公证时遗漏了这项内容，不过她提供了与母亲的对话录音，其母和李先生都承认，其父曾在临终前说过李女士可以回家中二楼居住，当时还有医生和护士在场可供证明。

　　法院经审理认为，李女士父亲的临终遗言应视为口头遗嘱，而且，李女士从小一直住在涉案房屋中，虽然放弃了继承房产所有权，但应该享有涉案房屋二楼的使用权。故驳回原告诉讼请求。

☞ 律师说法

　　我们再强调一遍，嫁出去的女儿和儿子一样拥有同等的继承权。广大女性朋友也应当提升法治观念和法律水平，保障自己的合法权益。如果父母没有在遗嘱中明确说明遗产只留给某个人，那么配偶、子女、父母均为第一顺序的法定继承人。当然，在本案中李女士也赢得了官司，只是她还住在二楼的话，难免会感觉尴尬。大家在签署任何协议前，都应该仔细确认条款，不要有所遗漏，以免日后出现问题。

相关法条

《民法典》

第一千一百二十六条【继承男女平等原则】

继承权男女平等。

第一千一百二十三条 【法定继承、遗嘱继承、遗赠抚养协议的效力】

继承开始后，按照法定继承办理；有遗嘱的，按照遗嘱继承或者遗赠办理；有遗赠扶养协议的，按照协议办理。

离婚后子女有继承权吗

离婚家庭在当前社会中较为常见，如果无法共同生活也就没有必要强求，但父母与子女的关系确实是无法割舍的。

•••● 案例 ●•••

2000 年，程先生与赵女士经人介绍相识相恋，并办理结婚登记。婚后育有一子程小某，一家人其乐融融。随着时间的推移，程先生和赵女士常因生活琐事和经济不宽裕纠纷不断，家庭矛盾愈演愈烈，二人最终在 2012 年诉讼离婚。程小某判随赵女士生活，程先生给付抚养费。

程先生离婚后没有再婚，但不幸的是，几年后他因突发心脏病去世。程小某接到通知后参与处理了父亲的后事，得知父亲还有一套房产。程先生的弟弟认为程先生与赵女士离婚后，程小某一直由女方抚养，已经没有继承权。程小某只好起诉到法院，要求继承其父亲名下的房产。

法院审理后认为，不论父母是否离婚，也不管孩子是由谁直接抚养，孩子都是其亲生父母遗产的第一顺序法定继承人。本案中，程先生没有留下遗嘱将遗产留给别人，所以程小某有权继承程先生的遗产。

夫妻离婚后，不论子女是由男方抚养还是由女方抚养，子女跟父母的关系依然存在。

根据《民法典》的规定，子女是第一顺序继承人，不管父母离没离婚，子女作为法定第一顺序继承人都有继承的权利。尤其在没有立遗嘱的情况下，死者的遗产应按照继承法的相关规定来继承。

相关法条

《民法典》

第一千一百三十二条 【继承的处理方式】

继承人应当本着互谅互让、和睦团结的精神，协商处理继承问题。遗产分割的时间、办法和份额，由继承人协商确定；协商不成的，可以由人民调解委员会调解或者向人民法院提起诉讼。

第四章

再婚
绝不踩雷的注意事项

17

再婚必知的法律常识

再婚时需要离婚证吗

离婚的人恢复单身后，可以再次寻找幸福，遇到合适的对象后也会选择结婚。那么，再婚的人去办理结婚登记需要哪些准备？要带哪些相关材料和证件呢？

☞ 律师说法

其实，离婚后再婚主要有两种情况：第一种情况是男女双方原系夫妻关系，通过民政局办理离婚登记后，想要复婚。这也属于再婚，因此也需要去婚姻登记机关进行结婚登记，婚姻登记机关会收回双方的离婚证，再发结婚证。第二种是通过民政局办理离婚登记解除婚姻关系的，并决定各自再婚的男女。一般协议离婚的会有民政局发放的离婚证。而通过法院起诉离婚的，则没有离婚证，会有法院关于离婚的民事判决书或民事调解书，也可以作为离婚的法律证据。

那么，我们回答一下前面提及的问题，再婚时是否需要离婚证？

根据《婚姻登记条例》第五条的规定，办理结婚登记的内地居民应当出具下列证件和证明材料：（一）本人的户口簿、身份证；（二）本人无配偶以及与对方当事人没有直系血亲和三代以内旁系血亲关系的签字声明。

其中第二点明确要求"本人无配偶"，也就是说，当事人在办理结婚登记时必须能出示其无配偶的证明材料。所以，建议结婚时带上离婚证或者法院的离婚判决书、调解书。

我国公民具有婚姻自由的权利，也就是说，从离婚的法律手续生效的那一刻起，男女双方随时可以办理再婚手续。

具体流程如下：

1. 申请

男女双方带上各自的身份证原件、户口本原件、三张 2 寸近期免冠合影照，到一方当事人老家民政部门的婚姻登记办公大厅，向办公人员提交结婚申请。不过需要注意，前面提及的离婚后再婚要拿着离婚证或判决书。

2. 受理

当事人一方的户口所在地民政部门的婚姻登记人员接受再婚登记申请后，双方当事人必须亲自到场递交上述手续。

3. 审查

婚姻登记处工作人员查看户口本、身份证、照片是否合格，是否皆是当事人本人证件、照片等。

4. 登记

婚姻登记处工作人员会询问双方是不是自愿登记结婚，双方写好申请结婚登记声明书并签名、按指印，缴纳 9 元登记费，登记人员进行编号、登记打印结婚证，填写结婚登记审查处理表。

5. 发证

办理登记手续后，相关登记手续存档，当场发给双方结婚证书，正式宣告缔结夫妻关系，法律对双方当事人的婚姻关系予以确认。

相关法条

《民法典》

第一千零四十九条 【结婚程序】

要求结婚的男女双方应当亲自到婚姻登记机关申请结婚登记。符合本法规定的，予以登记，发给结婚证。完成结婚登记，即确立婚姻关系。未办理结婚登记的，应当补办登记。

妻子跑了，再找一个违法吗

在离婚问题上，《民法典》婚姻家庭编的指导思想可以总结为"保障离婚自由，反对轻率离婚"，婚姻从来不是儿戏，需要两个人甚至两个家庭努力经营和维系。每一段幸福的婚姻，一定是夫妻双方都在尽力守护，但如果其中一方放弃了，那结局不言而喻。如果现实中遇到妻子跑了的情况，自己再找一个违法吗？

••● 案例 ●••

> 刘某（男）与吴某（女）系登记结婚的合法夫妻。2016 年吴某在务工时认识了王某。后王某前往浙江杭州务工，为了增加家庭收入，吴某请王某帮忙找工作，于是王某介绍吴某到其务工地点上班，然而不久后，王某和吴某开始同居。吴某从此不再回家。
>
> 2018 年底，刘某知道妻子和他人同居，并且两年多没有回家后，开始让媒人给自己联系相亲对象，刘某认为，自己妻子已经跟着别人跑了，他们没有夫妻关系了，完全可以再找一个。

☞ 律师说法

　　但事实上，上述案例中刘某与吴某还是合法夫妻，在刘某没通过民政局办理离婚手续或经过法院判决离婚的情况下，他不能再婚。

　　如果刘某在明知与吴某没办理合法的离婚手续时，又与他人以夫妻名义共同居住，就会构成重婚。如果吴某在没和刘某解除婚姻关系前，又和他人领了结婚证，后面的婚姻也属于无效婚姻。所以，如果妻子跟人跑了，还是得先办理离婚手续，才能再找下一个。

相关法条

　　　《民法典婚姻家庭编的解释（一）》

　　　第二条 《民法典》第一千零四十二条、第一千零七十九条、第一千零九十一条规定的"与他人同居"的情形，是指有配偶者与婚外异性，不以夫妻名义，持续、稳定地共同居住。

　　　《民法典》

　　　第一千零五十四条 【婚姻无效或被撤销的法律后果】

　　　无效的或者被撤销的婚姻自始没有法律约束力，当事人不具有夫妻的权利和义务。同居期间所得的财产，由当事人协议处理；协议不成的，由人民法院根据照顾无过错方的原则判决。对重婚导致的无效婚姻的财产处理，不得侵害合法婚姻当事人的财产权益。当事人所生的子女，适用本法关于父母子女的规定。

　　　婚姻无效或者被撤销的，无过错方有权请求损害赔偿。

老人再婚后财产归属问题

随着社会的发展，老人在离婚、丧偶后选择再婚的情况也日渐增多，而且老年人再婚对于老年健康和晚年幸福非常有帮助。只不过由老年人再婚而引起的财产纠纷案例亦不在少数。那么，为了避免此类纠纷，老年人在再婚前对个人财产应该如何约定呢？老人再婚后死亡财产如何分配？

•• ● 案例 ● ••

张大爷与王大妈均早年丧偶，两人在步入晚年后相识，有了一定了解后办理了结婚登记手续。结婚不久，张大爷因病去世，之前没有留下遗嘱。张大爷的子女认为，王大妈作为再婚的老伴儿，只有权利继承二人夫妻关系存续期间的共同财产，张大爷的婚前个人财产跟王大妈没有关系，只能由张大爷的子女继承。

☞ 律师说法

上述案例中的纠纷，也是在实践中经常出现的一种较为复杂的情形。例如张大爷之前那位配偶的遗产没有分割过，后续也没留下遗嘱，那么，王大妈在张大爷去世后，对其上一任配偶留下的尚未分割的那部分遗产是否有权利继承？答案是肯定的。

因为张大爷及其子女对那份遗产均有相应份额的继承权，张大爷去世后，他之前继承的份额转化成了他的个人遗产。根据《民法典》的规定，因张大爷没有留下遗嘱，所以他的婚前财产也属于遗产范围，按照遗产继承的顺序，王大妈和张大爷的子女都是第一顺序继承人，因此他们均可继承张大爷的遗产。

一般来讲，老人再婚最大的顾虑就是财产的所有权及继承权的问题，因此有必要在婚前对财产做出约定。

那么，在法律上，对于再婚前后财产的所有权归属是怎么规定的？

第一，再婚前取得的财产，并登记在个人名下，那么属于登记人婚前个人财产。

第二，婚后取得的财产，在没有事先特殊书面约定的前提下，都属于婚后共有财产，离异时一人一半权益。

第三，老人再婚后死亡财产归属，如果房子是现在夫妻的共同财产，原则上男方的遗嘱只能处理属于自己一半的房产；如果没有遗嘱，涉及男方的遗产按法定继承，由其配偶、子女、父母均分继承。

相关法条

《民法典》

第一千一百二十七条 【继承人的范围及继承顺序】

遗产按照下列顺序继承：

（一）第一顺序：配偶、子女、父母；

（二）第二顺序：兄弟姐妹、祖父母、外祖父母。

继承开始后，由第一顺序继承人继承，第二顺序继承人不继承；没有第一顺序继承人继承的，由第二顺序继承人继承。

本编所称子女，包括婚生子女、非婚生子女、养子女和有扶养关系的继子女。

本编所称父母，包括生父母、养父母和有扶养关系的继父母。

本编所称兄弟姐妹，包括同父母的兄弟姐妹、同父异母或者同母异父的兄弟姐妹、养兄弟姐妹、有扶养关系的继兄弟姐妹。

再婚的结婚证上会写明二婚吗

钱锺书先生曾在《围城》一书中写过："婚姻是一座围城，城外的人想进去，城里的人想出来。"不少人在一次婚姻里吃过了苦，但因为对爱情的信任、对幸福的向往，还是义无反顾地选择了第二次。只不过很多人对再婚的法律知识了解不多，不由得会问：再婚拿到的结婚证上会写"二婚"两字吗？

☞ 律师说法

有些离异后选择再婚的人，很担心自己去办理结婚登记的时候，结婚证上写着再婚或者二婚。不仅自己感觉没面子，还会让现在的另一半心里不舒服。又或者有些人想隐瞒以往的婚姻状况，害怕在结婚登记时被另一半发现。

按照正规流程来说，无论是户口本上的婚姻状况，还是当事人去民政局登记结婚的时候所填写的申请书上面的婚姻状况栏，都没有"二婚"的说法，上面只有"未婚""离异""丧偶""已婚"这几个选项，所以不用担心结婚证上会出现"二婚"两个字。无论是初婚还是再婚，登记结婚的流程都一样，拿到的结婚证也一样。

而当事人的婚姻情况，需要在填资料和工作人员核实资料时都如实回答。隐瞒以往的婚姻状况并不可取，一定会在这个环节暴露。

既然已经决定再次结婚，就要对婚姻、对另一半负责任，诚实守信、坦诚相待都是做人最基本的品质，也是维持健康长久婚姻的必要条件。如果你不能对另一半坦诚自己的过往经历，尤其是婚姻状况，那必将为这一段婚姻埋下隐患。

相关法条

《民法典》

第一千零四十一条 【婚姻家庭关系基本原则】

婚姻家庭受国家保护。

实行婚姻自由、一夫一妻、男女平等的婚姻制度。

保护妇女、未成年人、老年人、残疾人的合法权益。

第一千零五十条 【男女双方互为家庭成员】

登记结婚后，按照男女双方约定，女方可以成为男方家庭的成员，男方可以成为女方家庭的成员。

再婚时户口不变能领结婚证吗

如果离婚后遇到真爱，当然要想办法追求幸福，只不过有些人上一次婚姻中，户口本上登记的是已婚，离婚后没有及时更新信息，那么，再婚时还能领结婚证？又或者一些人离婚后，女方户口还在男方户籍管理处，如果再婚是否会有影响呢？

2015 年，李女士和窦先生因工作相识，接触后感觉兴趣相投，确定恋爱关系一年后登记结婚，婚后育有一女。之后两人生活中发生摩擦，争吵不断，李女士抱怨窦先生不够体贴，不知道帮忙做家务，窦先生感觉李女士喋喋不休，总是在一些小事上找麻烦。两个人多次沟通无果，也消耗掉最初的情分后，最终决定协议离婚。双方对财产分割、抚养权等均无争议，顺利办理离婚手续，李女士和窦先生都拿到了离婚证。只不过两人均没有办理户口信息变更。

2017 年，李女士遇到体贴入微的刘先生，两人交往一段时间后想要结婚，而此时李女士翻开户口本发现上面显示的是已婚。面对这种情况，李女士该怎么解决呢？

只要男女双方拿到离婚证，就自动解除了夫妻关系。

我们户口本中婚姻状态信息栏里填写的信息，需要根据个人实际情况填写，如果是离异就填离异，如果是丧偶就填丧偶。不过，有些人结婚、离婚时，户口本上的信息并没有及时更改，这种情况是不是会影响到二婚领证呢？

答案是不会，只不过要麻烦一点儿。因为办理结婚登记前，还是需要拿着离婚证或者法院判决的离婚协议书、调解书，到派出所把户口本上的信息更改为"离异"。

而另一种离婚后女方户口还在男方户籍管理处的，也可以具体情况具体分析。一般情况下，离婚当事人拿着原户口本和证明离婚的证件去当地派出所办理分户或迁转手续即可。如果一方当事人不愿意提供原户口本，并且派出所户籍人员劝说无效的，可以按照判决或者调解书办理分户或迁转手续，在户口登记本上注明分户日期和原因。

相关法条

《民法典》

第一千零四十九条 【结婚程序】

要求结婚的男女双方应当亲自到婚姻登记机关申请结婚登记。符合本法规定的，予以登记，发给结婚证。完成结婚登记，即确立婚姻关系。未办理结婚登记的，应当补办登记。

再婚需要注意哪些问题

俗话说"吃一堑，长一智"，一个人经历过一次失败的婚姻，面对下一段婚姻会更加理智、慎重，而且重组家庭要面临的现实问题确实比较多。那么，再婚时我们要注意哪些问题才能避免不幸呢？

••● 案例 ●••

黄女士在 26 岁时，经人介绍认识了陈先生，相处一段时间后两人登记结婚，并生有一个女儿小花。婚后黄女士感觉日子过于平淡，陈先生不思进取，也不主动承担家务，二人经常发生争执，最终走到了离婚的地步。

刚离婚时，黄女士的生活确实轻松了，但时间久了，黄女士开始怀念跟陈先生相处的点点滴滴，于是想找前夫复合。但陈先生果断拒绝了黄女士，提出自己已经有喜欢的人了。

黄女士一气之下也开始托人相亲，认识了离异后带着一个 4 岁儿子的秦先生。黄女士急于找到一个依靠，两人很快登记结婚。但是秦先生并非黄女士想象的那样，脾气差，没有上进心，难以沟通。最让黄女士伤心的是，她发现现任丈夫秦先生跟女同事在微信上关系暧昧，疑似出轨。于是，黄女士跟秦先生大吵一架，再次提出离婚。但双方对财产问题产生了很大的争议，一直吵闹不清。

☞ 律师说法

一个人冲动结婚，很容易识人不清，泥足深陷，而再婚的时候也要保持理性和清醒，因为重组家庭的情况更复杂。那么再婚时需要注意哪些问题？

第一，财产问题。在婚姻中不要考验人性，一旦以人性和感情去赌，很可能让自己的利益受损。不要觉得谈钱伤感情，再婚时谈清楚个人财产和共同财产往往能让婚姻更稳定。

第二，子女问题。再婚之前一定要跟子女沟通和商量，尤其老年人找老伴的情况，后续容易因为遗产继承分割问题发生纠纷，提前了解子女的想法、态度，最好生前根据自己的意愿订立一份有效遗嘱，也能有效避免此类纠纷。

第三，前任问题。婚姻和恋爱不同，如果是有孩子以后离婚，两个人分开后也会因为抚养孩子的事有所牵扯，所以，关系处理不清楚的前任有可能成为再婚路上的牵绊。离婚时不拖泥带水，再婚时慎重考虑。

相关法条

《民法典》

第一千零四十六条 【结婚自愿】

结婚应当男女双方完全自愿，禁止任何一方对另一方加以强迫，禁止任何组织或者个人加以干涉。

第一千零六十九条 【子女尊重父母的婚姻权利及赡养义务】

子女应当尊重父母的婚姻权利，不得干涉父母离婚、再婚以及婚后的生活。子女对父母的赡养义务，不因父母的婚姻关系变化而终止。

图书在版编目（CIP）数据

人人都该懂点婚姻法 / 张明英著. — 北京：北京
联合出版公司, 2022.9
　　ISBN 978-7-5596-6340-5

　　Ⅰ. ①人… Ⅱ. ①张… Ⅲ. ①婚姻法—中国—通俗读
物 Ⅳ. ①D923.905

　　中国版本图书馆CIP数据核字（2022）第118344号

人人都该懂点婚姻法

作　　者：张明英
出 品 人：赵红仕
责任编辑：周　杨

北京联合出版公司出版
（北京市西城区德外大街83号楼9层　100088）
三河市中晟雅豪印务有限公司印刷　新华书店经销
字数356千字　880毫米 x 1230毫米　1/32　印张12.5
2022年9月第1版　2022年9月第1次印刷
ISBN 978-7-5596-6340-5
定价：65.00元